Kalashatra Govinda

AURA
PRAXISBUCH

Den Energiekörper wahrnehmen und heilen

Inhalt

Das leuchtende Geheimnis

Die Wirklichkeit ist nicht nur das, was wir mit unseren äußeren Sinnen wahrnehmen können. Unsere Erfahrungen zeigen, dass es mehr als nur die äußere Welt gibt. Schon allein die einfache Tatsache, dass wir jede Nacht träumen, wirft einige interessante Fragen auf: »Wo war ›ich‹ im Schlaf? Lag ich im Bett oder lief ich durch die Traumwelt? Welcher Teil meines Ichs lag reglos und welcher sprach, sah, fühlte, lachte und bewegte sich im Traum?«

Die Wirklichkeit unseres alltäglichen Bewusstseins ist eine andere als die, die wir in Träumen erleben. Weitere Wirklichkeitsebenen drücken sich in Visionen, Vorahnungen, Meditations- und Trancezuständen aus. Allerdings lässt sich diese höhere Wirklichkeit nicht mit den äußeren, sondern nur mit den inneren Sinnen wahrnehmen. Und um die Verfeinerung Ihrer inneren Sinne geht es in diesem Buch.

Obwohl es viele verschiedene Wirklichkeitsebenen gibt, können wir grundsätzlich zwischen zwei Realitäten unterscheiden – der äußerlich sichtbaren Welt und der (normalerweise) unsichtbaren Welt. So wie es eine sichtbare und eine unsichtbare Welt gibt, gibt es auch einen sichtbaren und einen unsichtbaren Körper. Das faszinierende Phänomen der Aura zeigt, dass diese Welten nicht immer klar voneinander getrennt werden können – denn immerhin gibt es einige Menschen, welche die ansonsten unsichtbare Aura durchaus wahrnehmen können.

Die spirituelle Entwicklung ist eine Bereicherung für jeden Menschen. Alter, Geschlecht oder Religionszugehörigkeit spielen dabei keine Rolle. Sie brauchen nur drei Dinge, um anfangen zu können: etwas Zeit für möglichst regelmäßiges Üben, einen ruhigen Ort, an dem Sie ungestört sind, sowie Offenheit und Experimentierfreude.

Spirituelle Entwicklung

Grundsätzlich gibt es zwei Möglichkeiten, die inneren Sinne zu schärfen und den feinstofflichen Körper – und mit ihm die Aura – wahrzunehmen und zu entwickeln. Die erste Möglichkeit besteht darin, gezielt zu üben. Jeder Mensch verfügt über die inneren Sinne – nur sind sie meist wenig entwickelt. Um sie zu stärken und zu verfeinern, können Sie mit den Dingen beginnen, die Ihnen vertraut und bewusst sind: Sehen, Hören, Tasten und Fühlen. In diesem Buch werden Sie sehr viele Übungen finden, die Sie in die Lage versetzen, die Aura mit Ihren eigenen Sinnen wahrzunehmen. Indem Sie Ihre Sinne verfeinern, üben Sie nicht nur eine auf einen bestimmten Bereich begrenzte Funktion wie beispielsweise beim Muskeltraining. Indem Sie tiefer blicken, werden Sie auch eine tiefere, vielschichtigere Persönlichkeit entwickeln. Unterstützt wird diese Entwicklung durch eine andere Art Übungen – Übungen, bei denen Sie lernen, die Energien, die in Ihnen schlummern, zu wecken, in die richtigen Bahnen zu lenken und zu Heilung und Selbstheilung einzusetzen. Energie-Heilung ist Heilung auf der grundlegendsten Ebene der Wirklichkeit – denn die Aura und ihre Energie ist eben keine bloße Vorstellung, sondern eine wirksame Kraft.

Die zweite Möglichkeit besteht darin, spirituell zu leben. Spirituell leben bedeutet, sich von negativen Gedanken, Gefühlen und Verhaltensweisen zu befreien. Indem Sie die sieben Tugenden Aufrichtigkeit, Mitgefühl, Nachsicht, Offenheit, Dankbarkeit, Heiterkeit und Liebe kultivieren und sich vor den drei Fallen Hass, Neid und Ichbezogenheit hüten, entwickeln Sie innere Kräfte und das gewaltiges Potenzial, das in Ihnen schlummert.

Wenn Sie sich dafür entscheiden, auch nur ein wenig Zeit darauf zu verwenden, an Ihrer Aura und damit an Ihrer Entwicklung zu arbeiten, wird sich Ihr Leben dadurch auf sehr angenehme Weise verändern. Am besten beginnen Sie noch heute damit!

So arbeiten Sie mit diesem Buch

Das Buch ist ein Wegweiser durch ein Ihnen noch weitgehend unbekanntes Gebiet. Die Reise lohnt sich. Sie können schon heute den ersten Schritt zu einem glücklicheren, erfüllteren und gesünderen Leben tun. Nicht alle Menschen müssen jedoch den gleichen Weg gehen.

Vielleicht sind Sie ein Mensch, der die Kraft des Denkens kultiviert und zunächst gerne die Hintergründe kennen lernt. Dann fangen Sie am besten mit dem ersten Kapitel an, in dem Sie erfahren, was die Aura ist. Möglicherweise ist Ihnen das Handeln wichtiger als die Theorie – dann beginnen Sie eher mit dem ersten Praxiskapitel »Die Aura wahrnehmen«. Wenn es Ihnen in erster Linie um die spirituelle Entwicklung geht, sollten Sie mit dem Kapitel »Die Aura entwickeln« beginnen, wo Sie alles über Yama und Niyama, die Sieben Tugenden und die Drei Fallen erfahren.

Wo auch immer Sie anfangen, eines gilt auf jeden Fall für alle Menschen bei den Übungen: Achten Sie immer auf Ihr Gefühl und Ihre Intuition. Es hat wenig Sinn, die Übungen mechanisch abzuarbeiten, wie die Rechenaufgaben in einem Schulbuch. Wenn Ihnen eine Übung nicht liegt, lassen Sie sie beiseite – wenn Sie mehr Erfahrung haben, werden Sie später ohnehin darauf zurückkommen wollen. Tun Sie, was Ihnen Freude bereitet und nicht, was unangenehm, anstrengend oder langweilig für Sie ist!

Was ist die Aura?

Die Aura ist ein Energiefeld, das alle Lebewesen umhüllt. Nicht nur Menschen haben eine Aura, sondern auch Pflanzen und Tiere. Die Aura ist also etwas ganz Natürliches – und wir alle sind mit der Fähigkeit geboren, die Aura zu sehen. Kinder, die noch nicht durch die Schule der Rationalität gegangen sind, nehmen in der Regel die Aura wahr. Es ist ganz alltäglich für sie. Im Laufe des Erwachsenwerdens schläft bei den meisten Menschen diese Fähigkeit ein, weil sie in unserer modernen Welt nicht von Nutzen zu sein scheint.

Die Aura zeigt sich als positive oder negative Ausstrahlung eines Menschen, die wir intuitiv wahrnehmen.

Die Fähigkeit schläft, doch sie geht nicht verloren. Sicherlich spüren Sie, dass jeder Mensch eine ganz bestimmte Ausstrahlung hat. Wahrscheinlich fallen Ihnen sofort einige Bekannte oder Freunde ein, die eine gute Ausstrahlung haben und überall eine positive, heitere Stimmung verbreiten. Und es werden Ihnen wohl auch Gegenbeispiele in den Sinn kommen – Menschen, die irgendetwas Unangenehmes an sich haben, ohne dass Sie genauer definieren könnten, was das ist. Man sagt dann oft, dass dieser Mensch eine negative Ausstrahlung hat. In der Regel werden Sie dies allerdings nur im übertragenen Sinne meinen. Doch Ihr Unterbewusstes weiß es besser …

Das Geheimnis guter Ausstrahlung

Die Aura hängt in einem hohen Maße mit der spirituellen Reife eines Menschen zusammen. Doch was macht eine spirituell reife Persönlichkeit aus? Welches Geheimnis steckt hinter einer kraftvollen, charismatischen Ausstrahlung?

Zum einen sind es äußerliche Faktoren wie die äußere Erscheinung, die Körperhaltung, der Gesichtsausdruck und das Auftreten, welche die Ausstrahlung prägen. Noch wichtiger als diese äußeren Merkmale sind jedoch innere Gesichtspunkte. Ein Mensch, der selbstbewusst, klar, gelassen, heiter – kurzum in harmonischer seelischer Verfassung – ist, strahlt dies auch nach außen hin aus. Und wenn unser inneres Auge offen ist, können wir erkennen, dass dieser Mensch von einer hellen, strahlenden und reinen Aura umgeben ist.

Nun gibt es auch charismatische Menschen, die eine hohe Anziehungskraft auf Menschen ausüben, doch nicht im guten Sinn. Bei skrupellosen Machtmenschen beispielsweise, bei Verführern und Demagogen. Auch die Aura dieser Menschen ist etwas besonderes – doch auf eine ganz andere, schädliche Art. Die Aura eines solchen Menschen ist sehr verzerrt: Sie strahlt an einzelnen Stellen übermäßig, aber weist an anderen dunkle Löcher auf. Wie in der Astrophysik „Schwarze Löcher“ alle Materie aufsaugen, so saugen die schwarzen Löcher in der Aura Energie anderer Menschen auf – Menschen, die von den kleinen Teilen, die besonders hell strahlen angezogen werden. Wenn wir in der Lage sind, solche Menschen sofort zu „durchblicken“, können wir uns vor ihrer „Anziehung“ schützen. Wer seine Aura herausbildet, entwickelt im wörtlichen Sinne seine Ausstrahlung – und zwar in harmonischer Weise. Auch die Fähigkeit, die Aura anderer Lebewesen zu erkennen, hängt damit zusammen, wie sehr unsere eigene Aura entwickelt ist. Nun ist es aber nicht ganz so leicht, eine starke Aura zu entwickeln, wie beispielsweise starke Muskeln aufzubauen. Wenn Sie Gewichte heben, wachsen die Muskeln. Aber wo finden Sie die richtigen Mittel, um Ihre Spiritualität zu trainieren? Weise Menschen haben sich schon vor vielen tausend Jahren Gedanken dazu gemacht.

Wie gut wir die Aura wahrnehmen können, hängt auch mit der Entwicklung unserer eigenen Aura zusammen.

Vor langer Zeit …

Die Aura ist kein Phänomen der materiellen, grobstofflichen Welt, in der wir leben, sondern der so genannten feinstofflichen Welt. Das klassische Yoga kannte die Aura schon vor über 5000 Jahren. Und die Aura ist beileibe nicht die einzige feinstoffliche Erscheinung – in Indien haben die alten Meister sich intensiv mit diesen Dingen befasst und dabei vieles entdeckt: die Chakras, die Energiewirbel, in denen sich die feinstofflichen Energien konzentrieren; Prana, die universelle Lebensenergie, die wir u. a. mit dem Atem aufnehmen; die Nadis, Energiebahnen, die den menschlichen Körper durchziehen und mit Prana versorgen.

Wissen und Wissenschaft

Natürlich haben Wissenschaftler versucht, die feinstofflichen Kräfte zu messen, zu wiegen und in passende Schubladen zu stecken. Nun, vielleicht ist das zu negativ gesagt: Die Wissenschaftler sind interessiert daran, wie die Welt beschaffen ist, und versuchen es eben mit ihren Mitteln. Tagtäglich können wir uns davon überzeugen, dass dabei erstaunliche, schöne, aber auch erschreckende Dinge herauskommen können.

Bei den Versuchen, die Aura und andere feinstoffliche Vorgänge wissenschaftlich zu verstehen, sind allerdings bis heute noch keine großen Fortschritte gemacht worden – und dies wird sich auch nicht ändern, wie Sie schon bald verstehen werden. Natürlich gab es einige scheinbar viel versprechende Ansätze.

Carl Ludwig Reichenbach versuchte im 19. Jahrhundert als Erster, die Aura zu fotografieren – allerdings vergeblich. Besser gelang es 1939 dem sowjetischen Forscher Semjon Kirlian. Er legte Filmmaterial zwischen eine Elektrode und ein geerdetes Objekt. Bei dieser Methode entsteht eine hohe Spannung (bei geringem Strom!), die sich schließlich entlädt. Bei der Entladung wird blaues Licht ausgestrahlt, das dann den Film belichtet. Nun stellte Kirlian zu seiner eigenen Überraschung fest, dass nach der Entwicklung des Filmmaterials Lichthöfe rund um das geerdete Objekt sichtbar wurden – anscheinend war es ihm als Erstem gelungen, die Aura zu fotografieren!

Dieses so genannte Kirlian-Verfahren wurde im Laufe der Zeit immer weiter verbessert und ist heute auch unter der Bezeichnung »Aura-Fotografie« bekannt. Es gibt Mediziner, die die Kirlian-Fotografie nutzen, um genauere Diagnosen zu stellen.

Immer wieder wurde versucht, die Aura mit technischen Mitteln darzustellen – ein Versuch, der zum Scheitern verurteilt ist.

Auch in westlichen esoterischen Kreisen wird oft davon ausgegangen, dass mit der Kirlian-Methode tatsächlich die Aura fotografiert werden kann. Hoffentlich sind Sie nicht enttäuscht, wenn ich Ihnen nun sage, dass das nicht der Fall ist. Es ist nicht einmal möglich.

Könnte es nicht sein, dass die Wissenschaft doch einmal eine Möglichkeit findet? Nein. Ich möchte Ihnen das anhand eines Beispiels aus der materiellen Welt erläutern. Sicherlich wissen Sie, dass jeder materielle Körper einen Schwerpunkt hat – beispielsweise Ihr Körper. Aber natürlich könnte man diesen Schwerpunkt niemals herausoperieren. Nicht, weil die Wissenschaft nicht so weit wäre, sondern weil es prinzipiell unmöglich ist. Mit der Aura und den feinstofflichen Energien verhält es sich ebenso: Der Versuch, diese Dinge mit materiellen Mitteln festhalten zu wollen, ist von Anfang an zum Scheitern verurteilt.

Die Kirlian-Methode fotografiert also nicht die Aura. Dennoch besteht ein Zusammenhang zwischen der Aura und dem, was auf dem Film zu sehen ist: Die Aura modifiziert die Hochspannungsentladungen. So zeigt sich also im Grobstofflichen doch der Einfluss der feinstofflichen Energien – so wie beispielsweise die Form der Wolken vom Wind und der Wärme der Sonne beeinflusst werden.

Weisheit und Wissenschaft

Jahrhundertelang waren Mystik und Wissenschaft Gegenspieler. Doch in unserer heutigen Zeit erleben wir einen Umbruch: Das relativ neue wissenschaftliche Denken und das mystische Sehen nähern sich allmählich immer näher an. Mystische Einsichten sind nicht mehr ausschließlich auf langjährige Versenkung oder spontane Erleuchtung angewiesen, sondern können in ihrem Wesen auch mit den Mitteln der Wissenschaft ansatzweise verstanden werden. Mystik und Wissenschaft umarmen einander wieder als Geschwister. Der Kampf zwischen Glaube und Wissen kommt allmählich zu einem Ende. Wir haben heute die Möglichkeit auf allen Ebenen Erkenntnis zu erlangen und von der kalten Technik zu einer warmen »Bewusstseinstechnologie« zu gelangen.

Durch das Miteinander von Weisheit und Wissenschaft kehrt ein innerer Frieden ein, der vor langer Zeit verloren ging.

Es lohnt sich, herausragende Vertreter beider Richtungen genau zu lesen. Dann kann man feststellen, dass beispielsweise Patanjali und Heisenberg, die über 2000 Jahre alten Upanishaden des Hinduismus und die moderne Quantenphysik erstaunliche Parallelen aufweisen.

»Die Gottheit verbirgt sich in jedem Lebewesen, dennoch durchdringt sie alles und ist das innerste Wesen in Allem. Sie vollbringt jede Arbeit und hat ihre Wohnstatt in Allem. Sie ist das bezeugende Bewusstsein, formlos und unsterblich. ... Daher sagt man, dass wir sind, was unser Begehren ist. Wie unser Begehren ist, ist unser Wille. Wie unser Wille ist, sind unsere Handlungen. Wie wir handeln, werden wir.« (Upanishaden)

»Alle Elementarteilchen sind aus derselben Substanz, aus demselben Stoff gemacht, den wir nun Energie oder universelle Materie nennen können; sie sind nur verschiedene Formen, in denen Materie erscheint. ... Die Energie ist tatsächlich der Stoff, aus dem alle Elementarteilchen, alle Atome und daher überhaupt alle Dinge gemacht sind, und gleichzeitig ist die Energie auch das Bewegende.« (Werner Heisenberg)

So unterschiedlich die beiden Texte sind, so haben sie doch denselben Klang. Die mystischen Einsichten des alten Indien und die physikalischen Erkenntnisse der neuen Zeit erkennen die zentrale Bedeutung des

Bewusstseins und sagen: Das Bewusstsein formt die Welt. Alles ist mit allem verbunden. Diese uralten Weisheiten der heiligen indischen Schriften tauchen genauso in der Quantenphysik auf. Damals war es eine spirituelle Gewissheit, dass alles eins ist. Heute kann die Wissenschaft zeigen, dass tatsächlich alles Energie ist. Mit der modernen Quanteneinstimmung (siehe Seite 143ff.), bei der das »reine Bewusstsein« im Zentrum steht, ist die Brücke geschlagen. Zwei Wege, die doch auf überraschende Art und Weise zu denselben Gedankengängen und Einsichten führen und sich gegenseitig befruchten können, haben sich vereint.

Die fünf Grundsätze der Erkenntnis

Es gibt einige ganz wichtige Aussagen, die zeigen, wie verwandt sich Quantenphysik und mystische Erkenntnis sind:

1. Es gibt keine Realität, die vom Beobachter unabhängig ist. Dieser Satz ist geradezu ein Fundamentalsatz der Quantenphysik. Und erstaunlicherweise auch ein zentraler Satz der alten Weisen. Es gibt also in Wirklichkeit kein »Innen – Ich« und »Außen – Welt«. Das ist lediglich eine Illusion.
2. Wie wir die Realität wahrnehmen, ist gelernt. Die moderne Physik und die alten Weisheitslehren haben erkannt: Es gibt keine »objektive« Realität, sondern nur Sichtweisen. Das aber heißt: Wenn wir umlernen, dann können wir auch die Realität verändern. Indem wir lernen, die Aura wahrzunehmen, bekommen wir Zugang zu einer neuen Realität.
3. Bewusstsein und Körper sind eins. Wenigstens diese Erkenntnis ist inzwischen fast schon Allgemeingut, auch und gerade in der neueren Medizin. Wenn alles Energie ist, ist es unnötig und manchmal sogar schädlich, die materielle Form (den Körper) von der immateriellen Form (dem Bewusstsein) zu trennen.
4. Körperliche Abläufe sind durch das Bewusstsein veränderbar. Diese Erkenntnis war Yoga-Meistern schon seit jeher bekannt. Sie sahen die Verbindung zwischen Bewusstsein, Energie, Aura und Körper so deutlich, wie gewöhnliche Menschen materielle Dinge sehen. Auch Wissenschaftler erkennen und verstehen heute, wie das Bewusstsein Einfluss auf körperliche Abläufe nehmen kann.
5. Alles ist Bewusstsein. Alle Religionen sprechen davon, dass es irgendeine Form eines universalen Bewusstseins gibt. Durch die Berührung von moderner Physik und altem spirituellen Wissen ist es heute nicht nur unser Gefühl, das zustimmt, sondern auch unser Verstand. Die Aura wahrzunehmen und seine Energie lenken zu können ist heute durchaus vereinbar mit dem Stand der modernen Wissenschaft.

Yoga, der uralte Weg zu einem höheren Bewusstsein und die ebenso alte Kunst der Energie-Heilung stehen heute nicht mehr im Gegensatz zur Wissenschaft.

Und das Bewusstsein ist nicht etwa nur der Teil, der gerade im Zentrum unserer alltäglichen Aufmerksamkeit steht, sondern all das, was uns ausmacht und uns manchmal nur in Augenblicken, manchmal als Ahnung, als Traum oder Vision bewusst ist. Mit der Arbeit an der Aura, erweitern wir unser Bewusstsein. Und indem wir unser Bewusstsein erweitern, gewinnen wir an Fähigkeiten, wie der Kraft mit Energie zu heilen, Eigenschaften, wie Güte und Gelassenheit und Kräfte, wie eine gesteigerte Erkenntnis und Einsicht in die Zusammenhänge. So werden wir eins mit uns und eins mit der Welt.

Feinstofflehre

Im Folgenden geht es um theoretische Gedanken zu den feinstofflichen Erscheinungen, zu denen auch die Aura gehört – allerdings ist diese Theorie gar nicht so grau, wie es Theorien im Allgemeinen nachgesagt wird. Es kann sogar recht interessant werden, einen Blick auf die theoretischen Hintergründe zu werfen: So können Sie ein tieferes Verständnis für die nichtmateriellen Phänomene entwickeln. Dennoch können Sie natürlich auch ohne theoretisches Wissen an Ihrer spirituellen Entwicklung arbei-

Zwei Welten im Vergleich

Physischer Körper	**Energiekörper**
Grobstoffliche, materielle Welt	Feinstoffliche, spirituelle Welt
Besteht aus den fünf äußeren Elementen: Wasser, Luft, Erde, Feuer und Raum	Lichtkörper, der die sieben Chakras in sich vereinigt und als Aura mit mehreren Schichten sichtbar werden kann
Träger der Organe und Knochen, des Blutes, der Lymphe, des Muskelgewebes, der Zellen usw.	Träger der Gefühle, Gedanken, Ideen, Neigungen usw.
Materielle Bedürfnisse	Spirituelle Bedürfnisse
Bewahrt die physische Gestalt	Bewahrt die Persönlichkeit
Quelle des »kleinen Ich«	Quelle des »großen Ich«
Vergänglich	Unvergänglich

ten – und dieses Kapitel einfach überspringen. Zumindest vorerst; ich bin mir sicher, Sie werden irgendwann einmal mehr wissen wollen und darauf zurückkommen.

Im Folgenden werden Sie einige wichtige Grundlagen kennen lernen. Wer mit den verborgenen Energien arbeiten will, ist gut beraten, sich auch geistig mit Phänomenen wie den Chakras, der Aura, dem Energiekörper oder den feinstofflichen Bahnen zu beschäftigen. Deshalb sollen nun kurz einige zentrale Begriffe erläutert werden.

Alle Theorien und Definitionen dienen lediglich als Orientierungshilfe. Sie erleichtern es Ihnen, Ihre Erfahrungen besser verstehen und einordnen zu können. Mit den Definitionen verhält es sich wie mit einer Landkarte: Sie macht es leichter, sich in einer unbekannten Umgebung zurechtzufinden. Aber keine Landkarte kann eine Wanderung, keine Theorie die Erfahrung ersetzen. Versuchen Sie, im Laufe der Zeit über die Begriffe hinauszusehen und Ihre eigenen Entdeckungen zu machen.

Theorien sind nur Theorien – und seien sie auch noch so richtig. Entscheidend bei der Wahrnehmung der Aura sind jedoch Ihre eigenen Erfahrungen!

Materieller und spiritueller Leib

Der feinstoffliche Körper wird auch als Energiekörper bezeichnet. In den verschiedenen esoterischen Schulen gibt es für den Feinstoffleib noch zahlreiche andere Namen, beispielsweise ätherischer Körper, Lichtleib oder Geistkörper. Auch unterscheiden einige Systeme zwischen vielen verschiedenen Feinstoffkörpern wie dem Emotional- oder dem Mentalkörper. Hier soll die Bezeichnung »Energiekörper« jedoch als Oberbegriff für alle feinstofflichen Phänomene dienen.

Spirituelle Erfahrungen mit dem Energiekörper

Wer regelmäßig meditiert, macht nicht selten die Erfahrung, dass er auch jenseits seines irdischen Körpers in irgendeiner Form weiter existiert. Das sichere Gefühl, dass das Ende des physischen Leibes nicht das Ende des »inneren Menschen« bedeutet, ist ebenfalls die Grundlage aller großen Weltreligionen.

Der Astralleib ist bei weitem nicht so eng an die irdische Sphäre gebunden wie unser physischer Leib. Genauer gesagt ist unser Energiekörper sogar nur dadurch an die Erde gebunden, dass er als lichter Begleiter unseres grobstofflichen Körpers eng mit diesem verbunden ist.

Die sieben Aura-Schichten umgeben unseren Körper nicht gleichmäßig, sondern dehnen sich nach außen hin ellipsenförmig aus.

Im Schlaf, in Trancezuständen und in der Meditation lockert sich die Verbindung zwischen unserem grobstofflichen und unserem Energiekörper. Zum Zeitpunkt des Todes trennt sich der Energiekörper völlig vom irdischen Leib. Der Energiekörper selbst bleibt auch nach dem Verlassen des irdischen Gefäßes in all seinen wesentlichen Elementen erhalten.

Ein Hinweis auf den Energiekörper geben die so genannten Nahtod-Erfahrungen. Sie bestätigen die Existenz des Bewusstseins unabhängig vom stofflichen Leib: Menschen, die nach einem Unfall oder einer Operation klinisch tot waren (d. h., bei denen das Herz still stand), konnten wiederbelebt werden und kamen wieder zu Bewusstsein. Diese seltenen Fälle weisen erstaunliche Ähnlichkeiten untereinander auf. Fast immer berichten die Zurückgekehrten, sich selbst gesehen und sich über ihrem leiblichen Körper befunden zu haben. Häufig berichten sie auch von Lichterfahrungen – ein Zeichen dafür, dass der Energiekörper sich seiner reinen Lichtnatur wieder zuwendet. Viele ungewöhnliche Phänomene wie außersinnliche Wahrnehmungen, Gedankenübertragung und paranormale Fähigkeiten sind Fähigkeiten des Energiekörpers.

Die sieben Koshas – Aura-Schichten des feinstofflichen Körpers

So wie es sieben Hauptchakras gibt, besteht auch die Aura aus sieben Schichten. (Über den Zusammenhang zwischen Aura und Chakras siehe Seite 35ff. und Seite 43ff.) Die sieben feinstofflichen Körper sind Energiefelder unterschiedlicher Dichte. Da sie über den grobstofflichen Leib hinausgehen, werden sie oft auch als Hüllen bezeichnet.

Die erste Schicht entspricht der Ebene des physischen Körpers – es ist die physische Aura, die stärkste Verdichtung der kosmischen Urenergie. Die siebte Schicht entspricht der reinen kosmischen Energie – der göttlichen

Ebene. Allerdings sind die sieben feinstofflichen Hüllen, aus denen sich die Aura zusammensetzt, nicht wirklich voneinander getrennt, sondern sie berühren und durchdringen sich gegenseitig.
Alles was lebt, hat eine Aura. Doch die höheren Aura-Ebenen (ab Manomaya Kosha, der dritten Ebene) sind nur bei Lebewesen mit einem Selbstbewusstsein ausgeprägt. Auch Pflanzen und Tiere haben eine wahrnehmbare Aura; allerdings sind bei ihnen nur die ersten beiden Schichten der Aura entwickelt. Die höheren Aura-Körper sind lediglich als Möglichkeit vorhanden. Sogar scheinbar unbelebte Dinge wie z. B. Steine haben eine Aura, wenn bei ihnen auch nur die erste Schicht – und diese auch nur sehr schwach – wahrnehmbar wird. Dies ist ein Zeichen dafür, dass es keine wirklich unbelebte Natur gibt – alles ist von Leben durchdrungen. Alles ist eins im Göttlichen.
Die Aura kann in Form beeindruckender Farb- und Lichterscheinungen wahrgenommen werden. Oft wird die Aura als Wolke aus Licht beschrieben, die den Menschen umhüllt. Je höher die spirituelle Entwicklung ist und je stärker die inneren Kräfte eines Menschen sind, desto leuchtender erscheint seine Aura. Das Gleiche gilt für die Fähigkeit, die Aura wahrzunehmen: Je weiter ein Mensch auf dem spirituellen Weg vorangeschritten ist, desto deutlicher kann er die Aura anderer Menschen erkennen – und behandeln.

Annamaya Kosha

Die erste Schicht der Aura steht noch in sehr enger Verbindung zum grobstofflichen Leib. Sie ist die »physische Hülle«, in der die Urenergie am stärksten verdichtet ist.
Der Sanskrit-Begriff *Annamaya Kosha* bedeutet »Nahrungs-Körper«. Diese Aura-Schicht bildet die nährende Hülle des aus den fünf Elementen (Erde, Feuer, Luft, Wasser und Raum) bestehenden Körpers, der von den Lebensphasen Geburt, Wachstum, Verfall und Tod beherrscht wird. Sie ernährt den grobstofflichen Körper mit der Kraft, die das Unbelebte belebt. Damit Materie wenigstens die grundlegenden Eigenschaften des Lebens zeigt, muss sie von einem Nahrungs-Kör-

Die erste Aura-Schicht ist unserer grobstofflichen Körperhülle am ähnlichsten.

per durchdrungen sein; das macht auch den Unterschied zwischen einem lebenden und einem toten Lebewesen aus. Selbst ein Wurm oder das frisch geschnittene Blatt eines Baumes haben einen Nahrungs-Körper; ebenso natürlich ein Mensch, der in einem tiefen, irreversiblen Koma liegt und nur von Maschinen am Leben gehalten wird. Das Leben selbst wird allerdings nicht durch die Maschinen erhalten, sondern durch Annamaya Kosha – die Maschinen verhindern lediglich die Trennung des feinstofflichen Leibes vom grobstofflichen.

In der ersten Schicht der Aura zeigen sich grundlegende stoffliche Probleme. Für Heiler ist Annamaya Kosha wichtig, da sich in der ersten Aura-Schicht schwere, lebensbedrohliche Krankheiten oft am deutlichsten zeigen. Der Nahrungs-Körper ist so eng mit dem materiellen Körper verbunden, dass er sogar mit physikalischen Mitteln wie der Kirlian-Fotografie (siehe Seite 9) gewissermaßen sichtbar gemacht werden kann – wobei nicht die Aura selbst grobstofflich sichtbar wird, sondern nur ihre Auswirkung. Die Ausdehnung des Annamaya Kosha entspricht etwa der Außenbegrenzung unseres physischen Körpers (daher auch »physische Hülle«) und ragt höchstens wenige Millimeter über diesen hinaus.

Die erste Aura-Schicht wird selbst von spirituell sehr wenig entwickelten Menschen oft spontan als eine dünne, leicht verschwommene Schicht über der Haut wahrgenommen. Diese Schicht ist im Alltag auch bei scheinbar unbelebten Dingen sichtbar; das liegt daran, dass kleinste Lebensformen wie Bakterien oder Sporen überall vorhanden sind. Wer diese Aura-Hülle nicht sieht, kann es sehr schnell lernen – selbst ohne eigene spirituelle Entwicklung. Erst mit dem Einschwingen auf die feineren Ebenen jedoch können die Bewegung und die Aktivität wahrgenommen werden.

Die zweite Aura-Schicht aktiviert und reguliert wichtige energetische Prozesse im Körper.

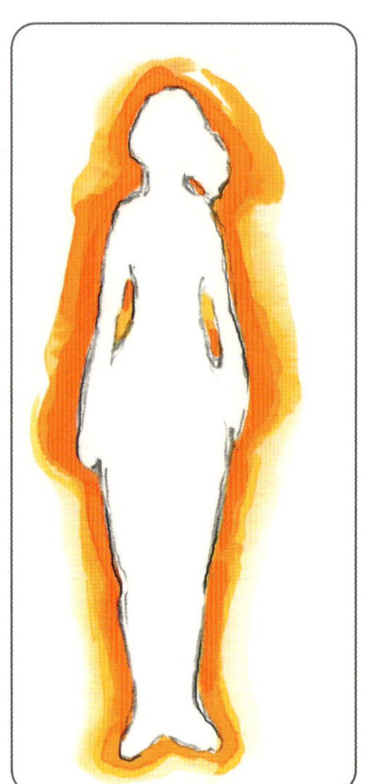

Pranamaya Kosha

Die zweite Schicht ist die vitale oder ätherische Hülle, die den ätherischen Leib begrenzt. Die Verbindung zwischen Äther-Leib und grobstofflichem Körper ist schon weit weniger eng als zwischen grobstofflichem und Nahrungs-Körper.

Pranamaya Kosha bedeutet im Sanskrit etwa »Vital-Körper« oder »Lebenshülle«. Der Vital-Körper ist, wie der Name schon andeutet, ebenfalls eng mit den grundlegenden Lebensvorgängen verbunden. Pranamaya Kosha aktiviert die (grob)energetischen Prozesse in unserem Körper, beispielsweise die Temperaturregulation, den Kreislauf, die hormonellen Abläufe und die Atmung.

Urbeweger der Selbsterhaltung

Im Pranamaya Kosha entstehen die Wahrnehmungen, die zum Überleben notwendig sind und die nach Aktivität verlangen. Während Annamaya Kosha die autonomen, grundlegenden Lebensvorgänge belebt und kaum das Bewusstsein berührt, wirkt sich Pranamaya Kosha auf Bewusstsein oder Unterbewusstsein aus, um den grobstofflichen Leib in Bewegung zu versetzen. Wenn wir Kälte wahrnehmen, suchen wir nach Wärme, ist es heiß, verlangt es uns nach Abkühlung. Sind wir hungrig, suchen wir nach Nahrung, sind wir durstig, nach Wasser. Jeder Drang nach Bewegung, der mit der Erhaltung des physischen Körpers verbunden ist, geht auf Pranamaya Kosha zurück. Selbst die primitivsten Lebensformen haben einen Vital-Körper – ist er nicht aktiv, wären sie belebt, aber nicht überlebensfähig. So ist beispielsweise bei einem abgeschnittenen Blatt kein Vital-Körper mehr wahrnehmbar.

Im Vital-Körper werden also überlebenswichtige Reaktionen auf äußere, schädigende Vorgänge ausgelöst, indem Bewusstsein und Unterbewusstsein Informationen übermittelt werden, die dann zu Aktivitäten führen. Ohne Pranamaya Kosha würden wir z. B. auf Verletzungen nicht reagieren. Bei einer Vollnarkose wird der Kontakt des Vital-Körpers mit dem Bewusstsein blockiert – deshalb ist eine Operation unter Vollnarkose schmerzfrei. Es können jedoch andere Probleme auftreten.

Die Vital-Hülle hat dieselbe Form wie der stoffliche Leib, ist jedoch etwas größer. Da sie ziemlich dicht an der Hautoberfläche liegt, wird sie mitunter als ein zweiter, ätherischer Körper oder ein »ätherisches Double« wahrgenommen. Wie Annamaya Kosha, so ist auch Pranamaya Kosha mit nur wenig Übung sichtbar. Auch sind keine großen Erfahrungen auf dem spirituellen Weg dafür notwendig.

Die dritte Aura-Schicht stellt den Übergang vom grobstofflichen zum feinstofflichen Körper dar.

An der Entwicklung der dritten Aura-Schicht kann man ablesen, wie weit der betreffende Mensch bereits auf dem spirituellen Weg fortgeschritten ist: Je ausgeprägter Manomaya Kosha ist, desto größer ist die spirituelle Reife.

Für die Aura-Heilung ist die Vital-Hülle von größter Bedeutung. Wer als Heiler tätig ist, muss mindestens in der Lage sein, Pranamaya Kosha deutlich wahrzunehmen. Charismatische Heiler nehmen auch auf die beiden nächsthöheren Koshas (Manomaya Kosha und Vijnana Kosha) Einfluss; Meister-Heiler beziehen sogar Anandamaya Kosha (Kausalleib) mit ein.

Manomaya Kosha

Die ersten drei Aura-Schichten sind für unsere Gesundheit am wichtigsten.

Mit dieser dritten Aura-Schicht sind bereits höhere feinstoffliche Funktionen verbunden, die mit der spirituellen Entwicklung einhergehen. Bei den meisten Tieren und Pflanzen sind lediglich die ersten beiden Ebenen des Energiekörpers ausgeprägt – Annamaya Kosha und Pranamaya Kosha. Manomaya Kosha ist also ein Merkmal eines zu spiritueller Entwicklung fähigen Wesens.

Der Sanskrit-Begriff *Manomaya Kosha* bedeutet übersetzt etwa so viel wie »Geistes-Körper«. Im Westen wird diese Ebene der Aura meist als emotionale Hülle oder Emotionalleib bezeichnet. Dieser Begriff ist allerdings

ein wenig irreführend, da der Geistes-Körper zwar auch bei menschlichen Emotionen und Gefühlen eine Rolle spielt – ebenso aber auch bei Gedanken, Wünschen, Träumen und den Aspekten des niederen Ego oder des »kleinen Ich«. Das »kleine Ich« ist das begrenzte, nicht spirituelle, individuelle Ich – im Gegensatz zum »großen Ich«, welches das gewaltige Potenzial zu wecken sucht, das in jedem Menschen schlummert und nur auf das Erwachen wartet.
Im Manomaya Kosha zeigen sich das Denken, das Unterbewusstsein, Stimmungen, Gemütsbewegungen und die fünf niederen Sinne (Sehen, Hören, Riechen, Schmecken, Tasten).

Die dritte Aura-Schicht ist für Heiler besonders wichtig, da sie unterbewusste Vorgänge widerspiegelt. Der Heiler kann daran möglicherweise das seelische hinter dem körperlichen Problem erkennen.

Für Heiler von besonderer Bedeutung

Es leuchtet ein, dass die dritte Aura-Schicht eine wichtige Rolle für spirituelle Heiler spielt. In ihr kann der Sehende die Wurzeln von Krankheiten und Leiden erkennen, und über diese Aura-Ebene werden auch tief greifende Heilungsprozesse in Gang gesetzt. Bei seelischen oder psychischen Leiden leuchtet dies eher westlich Denkenden sicherlich auf Anhieb ein. Doch auch bei Krankheiten, die sich im grobstofflichen Leib manifestieren, kann ein spiritueller Heiler, der Manomaya Kosha mit einbezieht, mehr bewirken als nur über die beiden ersten, besonders stark verdichteten, feinstofflichen Körper. In der westlichen Schulmedizin drückt sich dieses Wissen in der Erkenntnis aus, dass auch körperlichen Krankheiten oft seelische Ursachen zugrunde liegen.
Die Gestalt der dritten Aura-Schicht, des Geistes-Körpers, entspricht im Großen und Ganzen immer noch der Form des grobstofflichen Leibes. Er ist allerdings deutlich größer. Bei spirituell hoch entwickelten Menschen bildet Manomaya Kosha eine Sphäre, die den gesamten Menschen kugelförmig umgibt.
Jeder Mensch kann lernen, Manomaya Kosha wahrzunehmen. Da die feinstoffliche Schwingungsebene allerdings schon relativ hoch ist, ist eine vorherige spirituelle Einstimmung notwendig, um diese Ebene zu erfassen. Die Fähigkeit, den Geistes-Körper wahrzunehmen, markiert einen wichtigen Schritt in der spirituellen Entwicklung. An dieser Stelle muss allerdings erwähnt werden, dass die spirituelle Entwicklung keineswegs immer mit der Fähigkeit, die höheren Aura-Ebenen wahrzunehmen, einhergeht. Dies wird vielleicht deutlicher, wenn man es mit einem Musiker vergleicht, der ein sehr gutes Gehör hat: Das gute Gehör erleichtert es dem Musiker zwar, ein Instrument perfekt zu erlernen, aber es ist keine notwendige Voraussetzung dafür.

Vijnanamaya Kosha

Diese vierte Ebene der Aura entspricht den lichteren, höheren Aspekten der Persönlichkeit. Die Sanskrit-Bezeichnung *Vijnanamaya Kosha* kann mit »Wissens-Körper« übersetzt werden. Oft ist auch von der mentalen Hülle und dem Mentalleib die Rede. Wie diese Namen schon andeuten, ist Vijnanamaya Kosha mit den Ideen und Gedanken verbunden. Auch bei der dritten Aura-Ebene, dem Manomaya Kosha, war von Gedanken die Rede. Hier geht es jedoch nicht um die weitgehend vom Unbewussten bestimmten Gedanken und Begierden des »kleinen Ich«, sondern um Gedanken, die von geistiger Klarheit, Intuition und dem freien Willen getragen sind.

Vijnana wird oft falsch verstanden. Das Wissen, von dem hier die Rede ist, meint nicht etwa Faktenwissen, das ganz einfach, beispielsweise wie bei einem Computer, abgerufen werden kann. Vielmehr ist das wahre Wissen gemeint, das reflektiert ist und höhere Ebenen als die den fünf niederen Sinnen zugänglichen berührt.

Die vierte Aura-Schicht ist mit unserem Potenzial verknüpft – damit, wie wir unsere individuellen Möglichkeiten nutzen, um unsere Persönlichkeit zu vervollkommnen.

Einfluss auf niedere Ebenen

Für die Aura-Heilung spielt Vijnanamaya Kosha eine weniger große Rolle. Lediglich bei schweren Geisteskrankheiten wird es notwendig, den Wissens-Körper direkt mit einzubeziehen. Vijnanamaya Kosha umgibt den materiellen Leib in der Regel kugelförmig. Bei schweren geistigen Störungen kann die Kugelform jedoch deformiert erscheinen.

Die vierte Ebene der Aura wird nur Menschen sichtbar, die bereits ein gewisses Stück auf dem Weg zur spirituellen Vervollkommnung vorangeschritten sind. Alle großen Heiler haben die Fähigkeit, Vijnanamaya Kosha wahrzunehmen und auch auf dieser Ebene Einfluss zu nehmen. Die höheren Aura-Schichten werden zwar nur von wenigen Menschen direkt wahrgenommen – doch da die höheren Ebenen die niedrigen modifizieren, können ihre Auswirkungen auch auf niedrigeren Ebenen indirekt bemerkt werden. Veranschaulicht werden kann dies mit dem Bild des unsichtbaren Windes, der durch seine Bewegung die Oberfläche eines Sees sichtbar kräuselt.

Anandamaya Kosha

Die fünfte Ebene der Aura ist die kausale Hülle, die den Kausalleib begrenzt. Im Sanskrit wird die letzte sichtbare Hülle des Menschen *Anandamaya Kosha* genannt – was allerdings etwas ganz anderes als die westliche Bezeichnung bedeutet, nämlich »Körper der reinen Glückseligkeit«. Beide Namen weisen auf unterschiedliche Aspekte dieser Ebene hin. »Kausalleib« oder »kausale Hülle« betont, dass hier die Verbindung zu den wahren Ursachen (lateinisch *causa* = Ursache) stattfindet. Die indische Bezeichnung als Körper der reinen Glückseligkeit bezieht sich dagegen auf die Gefühle der Freude und des überirdischen Glücks, die mit Erfahrungen auf dieser Ebene einhergehen.

Bei genauer Betrachtung sind die Namen doch nicht so verschieden. Anandamaya Kosha ist der Grenzbereich, in dem die irdische die göttlichen Sphäre berührt. Dort ist der Quell der wahren Ursachen – und die Erkenntnis dieser wahren Ursachen ist untrennbar verbunden mit ekstatischen Glücksgefühlen. Über den Kausalkörper werden also höhere Erkenntnisse vermittelt. Erste Erleuchtungserlebnisse sind Anzeichen dafür, dass der Kontakt zu Anandamaya Kosha hergestellt wurde.

Solche Erlebnisse hat jeder Mensch. Wer verzückt Musik lauscht oder in völliger Selbstvergessenheit einen Sonnenuntergang betrachtet, ja selbst ein Mathematiker, der einen kurzen Moment ekstatischen Staunens erlebt, wenn er einen neuen Zusammenhang gefunden hat, berührt mit seinem Bewusstsein die Sphäre der reinen Glückseligkeit. Bei Menschen auf dem spirituellen Weg werden diese Erlebnisse länger und häufiger. Das zeigt, dass sie immer mehr in Verbindung mit den höheren Energien gelangen.

Anandamaya Kosha bedarf keiner Behandlung. Für spirituelle Heiler ist diese Ebene jedoch von großer Bedeutung. Bei spirituell weit entwickelten Menschen kann sich die Kausalhülle meilenweit ausdehnen. Der Heiler kann dadurch auch die Aura von Menschen berühren und positiv beeinflussen, die sich nicht in seiner unmittelbaren Umgebung aufhalten. Fernheilungen und übersinnliche Fähigkeiten hängen mit

Die fünfte Aura-Schicht umgibt uns ausgedehnt ellipsenförmig. Mit ihr wird die Verbindung zu den wahren Ursprüngen hergestellt.

dieser Aura-Ebene zusammen. Die Kausalhülle wird nur dann als Schicht der Aura wahrgenommen, wenn sie bereits gut entwickelt ist – und auch das nur von spirituell gut entwickelten Menschen.

Jiva

Die sechste Ebene der Aura ist die Seelenhülle. Im Sanskrit heißt sie *Jiva,* was übersetzt etwa so viel wie »individuelle Seele« bedeutet. Das bedarf wohl einer Erklärung, da in der westlichen Vorstellung die Seele immer eine individuelle Seele verstanden wird – eine Wesenheit, die der Träger der wahren, reinen Persönlichkeit eines Menschen ist und die höchste Form, oder die eigentliche Form, des Menschen darstellt. Diese Seele lebt fort und weilt nach dem Verlassen der irdischen Hülle in der jenseitigen Welt.

Die sechste Aura-Schicht umgibt uns weiträumig und stellt die Verbindung der individuellen Seele zum göttlichen Ursprung, zum Urgrund allen Seins, dar.

In der östlichen Philosophie und Religion wird das etwas anders gesehen. Jiva (im Hinduismus auch Atman), die individuelle Seele, ist, wie im Westen, die Essenz der Persönlichkeit, in der jedoch noch die Unterschiede vorhanden sind, die jeden Menschen einmalig machen. Diese Unterschiede sind nicht mehr, wie auf niedrigeren Ebenen, trennende Unterschiede. Allerdings ist Jiva in der indischen Spiritualität noch nicht die höchste Manifestation der feinstofflichen Energie. Auf der höchsten Ebene sind alle Unterschiede verschwunden und die Seele ist eins mit Gott, dem Kosmos oder dem All-Einen. Das Bewusstwerden von Jiva kennzeichnet spirituelle Lehrer, welche die Illusion der materiellen Welt nahezu überwunden haben.

Bei Jiva kann man nicht mehr von einer konkreten Ausdehnung sprechen. Für Jiva ist der Raum nur eine Illusion. Erleuchtete können die Seelenhülle in tiefer Meditation als inneres Licht oder kosmischen Urklang wahrnehmen. Diese Wahrnehmungen (Licht, Klang) sind wesensmäßig völlig verschieden von den entsprechenden physikalischen und selbst den niedrigeren feinstofflichen Erscheinungen, die als Licht oder Klang wahrgenommen werden. Sie durchdringen das gesamte Sein.

Menschen, die in stetiger Verbindung mit Jiva sind, beginnen zu »leuchten«. Die tieferen Schichten der Aura werden angeregt und beginnen manchmal so stark zu strahlen, dass mitunter sogar spirituell völlig unerfahrene Menschen dies (wenn oft auch nur unbewusst) wahrnehmen können.

Die siebte Aura-Schicht, die Ebene des göttlichen Selbst, wird in der abendländischen Kunst oft als Heiligenschein dargestellt.

Maha-Jiva

Die höchste, siebte Ebene der Aura ist die Ebene des Kosmischen oder Göttlichen. Sie ist die Hülle des göttlichen Selbst. Ihre Qualität ist allgegenwärtiges Sein oder Gott. Maha-Jiva (im Hinduismus Brahman) bedeutet »Große Seele«. In Maha-Jiva sind alle Gegensätze aufgehoben. Zeit und Raum spielen keine Rolle mehr. Maha-Jiva ist allgegenwärtig und ewig.

Nur vollendete Erleuchtete und Heilige wie Buddha, Laotse oder Jesus Christus können diese Ebene direkt erfahren. Diese Erfahrung hebt sie über die Ebene des Menschlichen hinaus. Sie sind eins mit dem All-Einen. Auch vollkommen weltliche, spirituell kaum entwickelte Menschen können das nahezu immer wahrnehmen: Die Verbindung mit Maha-Jiva durchdringt die gesamte Aura, alle Ebenen verschmelzen und werden eins. Die siebenschichtige Aura wird zu einem Lichtkörper. Ist das der Fall, wird die Aura (d. h. der daraus geborene Lichtkörper) auch für das grobstoffliche Auge sichtbar.

In der spirituellen Kunst aller Kulturen ist diese Phänomen festgehalten: Heilige sind von einem deutlich sichtbaren Strahlenkranz umgeben. Die biblischen Heiligen, Jesus Christus, Buddha, griechische und aztekische Gottheiten wurden mit einem solchen Heiligenschein dargestellt.

Der sichtbare Lichtleib manifestiert sich schon beim Kontakt zu Jiva. Zunächst beginnt der Bereich um das Sahasrara-Chakra (Kronenchakra) als Kranz (Nimbus) zu strahlen. Wird die Verbindung intensiver, wird der Strahlenkranz verdichtet – in der Kunst wird das meist als eine goldene Scheibe um den Kopf herum abgebildet (Aureole). Schließlich, bei erleuchteten Wesen, die in stetiger Verbindung zu Maha-Jiva stehen und die Verschmelzung der gesamten Aura erreicht haben, leuchtet der gesamte Körper (Gloriole).

Prana – die Lebensenergie

Die Geheimnisse des Feinstoffleibs beschränken sich nicht nur auf die Aura: Wer die Zusammenhänge erkennen will, sollte sich auch mit seinen inneren Kraftzentren, den Chakras, und der universellen Lebensenergie Prana beschäftigen. Da dies auch für die Aura-Arbeit wichtig ist, folgen nun einige Grundlagen über den Energiekörper.

Der wichtigste Begriff in diesem Zusammenhang ist »Prana«. Er stammt aus der Yogatradition und bedeutet so viel wie »universelle Lebensenergie«. Prana ist die Urkraft aller Naturerscheinungen, die subtile Energie, welche die lebendige Essenz alles Stofflichen bildet. Sie ist zum Teil das, was die moderne Physik als »Quantenenergie« bezeichnet – nur mit dem Wissen, dass Prana eine lebendige Kraft ist, keine tote Naturerscheinung. Swami Vivekananda sagte einmal: »Alles, was du im Universum siehst, alles, was sich bewegt, wirkt oder lebendig ist, ist eine Manifestation von Prana. Die Gesamtheit der Energie, die sich im Universum offenbart, wird Prana genannt.«

Da die universelle Lebensenergie Prana alles durchdringt, was uns umgibt, und in allen Elementen sowie in Licht und Nahrung enthalten ist, nehmen wir ständig Prana auf – wenn auch meist unbewusst.

Das Prinzip des Lebens

Wir leben in einem wahren Meer von Prana – wir sind Tag und Nacht von dieser universellen Lebensenergie umgeben. Tatsächlich ist das gesamte Universum von Prana durchdrungen. Prana ist in Wasser, Luft, Nahrung, Licht und Sonne.

Prana ist für das Leben essenziell. Alle lebenden Zellen werden erst durch Prana belebt und geschützt. Was aber noch wichtiger ist: Prana versorgt auch Seele und Geist mit Energie. Wenn Prana ausreichend durch den Körper strömt, führt das zu einem hohen Maß an Vitalität, an Lebensfreude, an Ausgeglichenheit und Gesundheit; ein Mangel hingegen führt schnell zu körperlichen und seelischen Problemen. Nur wenn Prana ungehindert durch den Energiekörper – d. h. durch die Nadis, alle Chakras und in die Aura – fließen kann, sind wir körperlich und seelisch im Einklang mit uns selbst und mit dem Universum.

Pranayama – die Kontrolle des Prana

Im Yoga wird viel Wert darauf gelegt, die kosmische Lebensenergie bewusst aufzunehmen und zu speichern. Einige Yogis haben die absolute Kontrolle über ihr Prana erreicht. Dies ermöglicht es ihnen, höhere Fähigkeiten zu entwickeln und sich beispielsweise völlig unempfindlich gegen Schmerzen zu machen oder sich selbst und andere zu heilen. Indem wir an unserer Aura arbeiten, werden wir allmählich auch diese Fähigkeiten erwerben. Es bedarf keines Lebens als Asket, um beispielsweise in der Lage zu sein, seine Energie so zu lenken, dass sie die Aura und über die Aura den Körper und Geist anderer Menschen heilen kann!

Die Luft, die wir atmen, ist mit viel Prana angereichert, wenn es sich nur um einigermaßen frische Luft handelt. Daher werden Atemübungen im Yoga häufig eingesetzt, um gezielt Prana aufzunehmen. Diese Übungen heißen Pranayama. Doch bei Pranayama-Techniken geht es eigentlich weniger um die Atmung an sich als vielmehr um den richtigen Einsatz des Bewusstseins. Der Sanskritbegriff *Pranayama* leitet sich von *Prana* (= »Lebensenergie«) und *Yama* (= »Kontrolle« oder »Ausweitung«) ab.

Mit Atemübungen sowie positiven Gedanken und Vorstellungen können wir unsere Aura mit Energie aufladen.

Die Kraft der Gedanken und insbesondere die Kraft der Vorstellung sind die besten Mittel, um Prana aufzunehmen und den Prana-Fluss im Körper anzuregen. Pranayama bedeutet also eigentlich nicht »Atemübungen«, wie es im Westen oft übersetzt wird, sondern »Kontrolle des Prana«. Daher sind auch Visualisierungs- und Meditationstechniken, die dazu dienen, mehr Prana aufzunehmen, Pranayama-Übungen. Swami Sivananda wies auf die Zusammenhänge zwischen Prana, Atmung und Bewusstsein hin, als er schrieb: »Durch Kontrolle des grobstofflichen Atems ist es möglich, das feinstoffliche Prana zu beherrschen. Beherrschung des Prana führt zur Beherrschung des Bewusstseins, das ohne Prana nicht wirken kann. Das subtile Prana ist eng mit dem Bewusstsein verbunden [...].«

Durch bewusstes, meditatives Üben ist es hingegen möglich, Kontakt zu den feineren Energien aufzunehmen und diese gezielt für die eigene Entwicklung einzusetzen.

Nadis – feinstoffliche Energiebahnen

Prana, die kosmische Lebensenergie, versorgt Körper und Seele mit belebender Kraft. Nun bewegt sich diese Energie aber nicht etwa frei und chaotisch durch den Energiekörper. Sie strömt in feinstofflichen Bahnen. Diese subtilen Kanäle werden Nadis genannt (vom Sanskritwort *nad* = »fließen«). Die Yogatradition geht davon aus, dass es 72 000 Nadis gibt; in manchen Schriften wird ihre Zahl sogar mit 350 000 benannt, so etwa in der Shiva Samitha.

Die drei Hauptbahnen der Lebensenergie Prana – Ida, Pingala und Sushumna – verbinden alle sieben Hauptchakras miteinander.

Die Nadis bilden ein feines Netzwerk von Leitbahnen, das den ganzen Körper durchzieht. Jedes Chakra ist ein bestimmter Punkt im Körper, ein Zentrum, dem Tausende von Nadis entspringen und von dem aus die Energie strahlenförmig nach außen strömt. Viele Hellsichtige verschiedener esoterischer Traditionen haben diese Strahlen als Blütenform interpretiert, weshalb die Chakras auch so häufig als sich öffnende Blüten mit Blütenblättern oder als strahlende Sonnen dargestellt werden.

Ein Ziel vieler Schulen des Yoga liegt darin, den Energiefluss in den Nadis anzuregen. Es ist allerdings weder möglich noch sinnvoll, sich mit der genauen Lage der 72 000 (oder gar 350 000) Nadis zu beschäftigen. Von viel größerer Bedeutung für die spirituelle Praxis sind hingegen die drei Hauptenergiebahnen: die Nadis Ida, Pingala und Shushumna.

Ida, Pingala und Sushumna

Die drei Hauptnadis, die die verschiedenen Chakras miteinander verbinden, heißen Ida, Pingala und Sushumna. Nur wenn die Energie ungehindert durch diese Hauptbahnen fließen kann, können die Chakras sich auch frei entfalten.

Ida ist der Kanal, durch den der negativ geladene Energiestrom fließt. Ida repräsentiert den weiblichen Pol, die Mondenergie, die Kraft Shaktis (siehe dazu auch Seite 28f.). Ida hat seinen Ausgangspunkt im Muladhara-Chakra (Wurzelchakra), an der Basis der Wirbelsäule, und endet im linken Nasenloch.

Pingala ist der positiv geladene Energiestrom. Er repräsentiert die Sonnenenergie und den männlichen Aspekt; durch diesen astralen Kanal strömt die Kraft Shivas. Pingala entspringt ebenfalls dem Wurzelchakra, endet jedoch im rechten Nasenloch.

Ida und Pingala laufen an der Wirbelsäule entlang aufwärts und kreuzen sich dabei jeweils in den Chakras. Dabei ziehen sie spiralförmig um den Hauptkanal Sushumna, der auf physischer Ebene dem Rückenmark entspricht und direkt durch die Wirbelsäule strömt. Doch auch Sushumna ist eine feinstoffliche Bahn des Energiekörpers und ist nicht etwa mit dem Rückenmark gleichzusetzen.

Ida und Pingala versorgen den Menschen mit der nötigen Energie, die er für sein weltliches Leben und das Meistern seiner weltlichen Aufgaben braucht. Im Gegensatz dazu ist Sushumna für die spirituelle Entwicklung von besonderer Bedeutung. Solange Prana nur durch Ida und Pingala strömt, bleibt der Mensch in der Ebene von Raum und Zeit gefangen. Durch Meditation, Yogatechniken, die Arbeit mit den Chakras und der Aura wird der Energiefluss im Sushumna-Nadi angeregt, was zu höheren Bewusstseinszuständen führt. Der Sushumna-Kanal wird in Indien auch als Brahma-Nadi bezeichnet, da er zu Gott führt.

Ida, Pingala und Shushumna sind die drei wichtigsten feinstofflichen Energiebahnen. Sie verlaufen entlang der Wirbelsäule.

Shiva- und Shakti-Energie

Das Ziel der esoterischen Yogalehre ist die Vereinigung der männlichen und weiblichen Urenergie. Nur wer beide Pole kennen lernt, wer seine männlichen und weiblichen Aspekte auslebt und Shiva und Shakti in sich vereint, kann über die Dualität zur Ganzheit gelangen. Für den Menschen gibt es nur diese Möglichkeit, in die göttliche Einheit einzutreten. Shakti entspricht dem weiblichen, Shiva dem männlichen Pol. Shakti ist die schöpferische Kraft und der aktive Aspekt, während Shiva das reine Bewusstsein oder den ruhenden Aspekt repräsentiert.

Shiva (Sanskrit = »der Gnädige«) gilt als allmächtiger Herrscher der Welt und verkörpert die männliche Energie. Shiva gehört zu den Hauptgöttern der Hindus – im übertragenen Sinne steht er jedoch für das kosmische Bewusstsein, das seinen Sitz im höchsten Chakra hat, sowie für das Prinzip der Erkenntnis und des Erwachens. Shakti (Sanskrit = »die Kraft«) symbolisiert hingegen das weibliche Urprinzip. Als Shivas Gegenpol taucht Shakti in der Mythologie als Kali, die Furcht erregende Zerstörerin, vor allem aber als Parvati, die liebevolle und wohltätige Muttergöttin auf. Shakti symbolisiert das Prinzip der Lebenskraft, die alle Materie belebt und die Natur erschafft. Im Energiekörper bildet das unterste Chakra an der Basis der Wirbelsäule den Sitz der Shakti-Energie.

Die »Mutter aller Dinge«

Dank ihrer unendlichen, schöpferischen Kraft konnte Shakti die Welt erschaffen. Sie erschuf das ganze sichtbare Universum und die fünf Elemente. Ihre Kraft strömte dabei aus der Ewigkeit in die Zeit, von der Unendlichkeit in die Ebene von Zeit und Raum. Von diesem Schöpfungsprozess ermüdet ruht die göttliche Urmutter nun in Form der Kundalini-Shakti im Wurzelchakra, was durch eine zusammengerollte Schlange symbolisiert wird.

In dem Mythos von der Erschaffung der Welt durch Shakti kommt das ungeheure Potenzial des Menschen zum Ausdruck. In jedem von uns ruht der Keim jener Kraft, welche die Schöpfung hervorgebracht hat. Gelingt es uns, diese weibliche Urkraft in uns zu aktivieren, so können wir unser Bewusstsein aus der materiellen Welt befreien und es mit der göttlichen Kraft verbinden.

Die spirituelle Grundaufgabe des Menschen besteht daher darin, die schlafende Kundalini zu neuem Leben zu erwecken und so die ursprüngliche Einheit mit der göttlichen Quelle, mit der das Sahasrara-Chakra (Kronen- oder Scheitelchakra) in Verbindung steht, möglich zu machen. Der Fluss der Prana-Energie durch den Sushumna-Kanal wird in seiner vollen Bedeutung erst deutlich, wenn wir uns ein wenig mehr mit der Kundalini-Theorie beschäftigen.

Wenn die Schlangenkraft erwacht und das Wurzelchakra mit dem Scheitelchakra verbindet, gewinnen wir die ursprüngliche Einheit mit dem Schöpferischen, dem Urgrund allen Seins, zurück.

Kundalini – die schlafende Schlange

Im Sanskrit, der Gelehrtensprache des alten Indien, wurden viele bilderreiche Begriffe benutzt. Die Weisen und Brahmanen der damaligen Zeit wussten, dass Symbole von den meisten Menschen viel leichter erfassbar sind als komplizierte theoretische Definitionen. Symbole sprechen eine deutliche und unmissverständliche Sprache, die überall auf der Welt verstanden wird. Den meisten Menschen fällt es leichter, sich die Chakras als Lotosblüten vorzustellen, als an feinstoffliche Schwingungsfrequenzen zu denken. Wenn es im Folgenden um Kundalini geht, so finden wir auch hier ein schönes Beispiel für die Kraft der Symbolik. Kundalini bedeutet »Schlangenkraft«. Hinter diesem Begriff verbirgt sich ein Geheimnis, das die spirituelle Entwicklung und den tieferen Sinn des menschlichen Daseins berührt.

Die Bedeutung des Schlangensymbols

Die Weisen des alten Indien prägten das Bild von Kundalini, der zusammengerollten Schlange, die an der Basis der Wirbelsäule im Muladhara-Chakra (Wurzelchakra) des Menschen schläft. Wird Kundalini geweckt, steigt sie entlang der Wirbelsäule im Sushumna-Kanal aufwärts. Dabei werden nach und nach alle Chakras aktiviert und miteinander verbunden. Erst wenn Kundalini das Sahasrara-Chakra (Kronen- oder Scheitelchakra) erreicht hat, ist sie an ihrem Ziel angelangt.

Wenn die Energie frei durch Shushumna strömt, werden alle Chakras aktiviert.

Wie ist dieses Bild der schlafenden Schlange zu verstehen? Denn natürlich handelt es sich hierbei um ein Symbol – in unserer Wirbelsäule lebt nicht tatsächlich eine Schlange. Doch das Bild sagt mehr als viele Worte. Es deutet das Hauptthema der Kundalini-Theorie an: Ent-Wicklung im wortwörtlichen Sinn.

Die Schlange verfügt über enorme Kräfte – sie ist wendig, kraftvoll, blitzschnell und anpassungsfähig. Der Schlangenkörper enthält aber vor allem eine hohe Anzahl von Wirbeln. Die Wirbelsäule symbolisiert im Yoga die Entwicklungsmöglichkeit des Menschen. Im Hatha-Yoga wird sehr auf die Beweglichkeit der Wirbelsäule geachtet, und es ist auch kein Zufall, dass alle sieben Chakras, die ebenfalls maßgeblich mit dem Entwicklungsprozess zusammenhängen, entlang der Wirbelsäule liegen. Während der Mensch nur 33 Wirbel hat, besitzen Schlangen je nach Art zwischen 100

Die potenzielle spirituelle Kraft, die in uns allen wohnt, wird durch das Symbol einer Schlange verkörpert, die, zusammengerollt in uns schlummernd, ihrer Erweckung harrt.

und 300 Wirbel! Nicht umsonst galt die Schlange daher als Symbol für die geistige Beweglichkeit und das enorme Entwicklungspotenzial des Menschen.
Doch die Schlange schläft beim unentwickelten Menschen. Sie ist zusammengerollt, also noch nicht »ent-wickelt«. Die schlafende Schlange – die schöpferische Energie – muss erst erwachen und sich in Bewegung setzen. Dabei wandert sie im Sushumna-Kanal von unten nach oben, also von der materiellen in die geistige Welt: Das Wurzelchakra, in dem sie ruht, ist das grobstofflichste, das Kronen- oder Scheitelchakra, das Ziel der Kundalini, ist das feinstofflichste aller Chakras.

Das Erwachen der Schlangenkraft Kundalini symbolisiert die Entwicklung des Menschen vom Materiellen zum Spirituellen, die Entfaltung seines gesamten Potenzials.

Momente des Glücks

Das Aufsteigen der schlafenden Schlange, der Kundalini, das mit der spirituellen Entwicklung gleichzusetzen ist, wird von äußerst angenehmen Gefühlen begleitet. Wenn Menschen sich jahrelang der Meditation oder anderen geistig-spirituellen Methoden widmen, so nicht zuletzt deshalb, weil sie dabei außergewöhnliches Glück und Zufriedenheit erleben, wie sie durch weltliche Freuden nicht erreicht werden können. Swami Vishnudevananda sagte in diesem Zusammenhang: »Wenn die zusammengerollte Energie (Kundalini) durch Sushumna aufsteigt und dabei von Chakra zu Chakra wandert, erfährt der Yogi jegliche Art von Erkenntnis, Kräften und Wonnen.«
Diese angenehmen Bewusstseinszustände oder Glücksgefühle treten auf, sofern die Kundalini-Energie sanft und vorsichtig erweckt wird. Der Energiefluss, der dabei durch das Sushumna-Nadi strömt, regt auch die Nadis Ida und Pingala an. Die Folge ist eine gute Gesundheit, starke Abwehrkräfte und die Befreiung von Schmerzen und vielen anderen körperlichen Beschwerden.
Die Kundalini zu wecken hat jedoch ein sehr viel höheres Ziel als lediglich eine robuste Gesundheit. Es geht beim Wecken der schlafenden Schlange vielmehr darum, die schöpferische Lebenskraft anzuregen und sie mit dem kosmischen Bewusstsein zu verbinden. Das individuelle Selbst soll mit dem Göttlichen vereint werden. Findet diese Vereinigung statt, so wird dies als Erleuchtung erfahren. Im Yoga wird der Zustand höchster Erkenntnis als Samadhi bezeichnet; er entspricht weitgehend der so genannten Unio mystica der westlichen Mystik, der Verschmelzung von Mensch und Gott.

Der Umgang mit der Schlangenkraft

Es gibt viele Möglichkeiten für uns, die spirituelle Reise anzutreten und uns auf die Suche nach unserem wahren Selbst zu machen. So können wir nach einem Meister suchen, Bücher über spirituelle Themen lesen, Yoga erlernen und praktizieren, meditieren oder mit den Chakras und der Aura arbeiten.

Viele Yogatechniken, wie beispielsweise bestimmte Atemübungen, Körperstellungen oder Fingerhaltungen, dienen dazu, den Energiekörper zu reinigen und den Fluss der Prana-Energie anzuregen. Swami Vishnudevananda schreibt dazu: »Durch Asanas, Pranayama, Mudras und Meditation wird Hitzeenergie erzeugt und der Kundalini unmittelbar zugeführt. Nur durch langdauernde Übung kann Sushumna von allen Unreinheiten befreit werden; zugleich kann die geweckte Kundalini-Shakti ohne Schwierigkeiten durch den Sushumna-Kanal bis zum Sahasrara-Chakra aufsteigen.«

Das Reinigen und Heilen der Aura, wie ich es später in diesem Buch beschreiben werde (siehe Seite 139ff.), kann diesen Prozess auf eine ungefährliche Art und Weise fördern. Allerdings werden wir uns nicht unmittelbar mit der Kundalini beschäftigen; vielmehr werden wir durch heilende Arbeit an der Aura den feinstofflichen Leib reinigen und die Nadis von Blockaden befreien. So erleichtern wir den Fluss der Energie und Kundalini-Shakti wird sich allmählich auf natürliche Weise in Bewegung setzen – sanft und ohne Gewalt.

Es ist – insbesondere für den westlichen Menschen – nicht sinnvoll, direkt mit der Kundalini-Energie zu arbeiten. Durch die Beschäftigung mit der Aura wird aber letztlich auch die Schlangenkraft geweckt.

Jahrelange Vorbereitung

Aus meiner Sicht ist es für den westlichen Menschen nicht sinnvoll zu versuchen, direkt die Kundalini zu wecken. Es gibt sehr intensive Yogatechniken, die ganz gezielt mit der Kundalini-Energie arbeiten. Darunter sind Atemtechniken mit teilweise sehr langen Atemverhaltungen. Diese Übungen sollten nur unter Aufsicht eines erfahrenen Lehrers durchgeführt werden – und selbst dann sind sie nicht ungefährlich! Es bedarf einer gewissen Vorbereitung, um von der plötzlich losgelassenen Energie nicht überwältigt zu werden.

Im Westen experimentieren viele an Esoterik interessierte Menschen mit Praktiken, die im traditionellen Yoga nur nach sehr langer Vorbereitungszeit angewendet werden dürfen. Nicht umsonst müssen Yogaschüler sich jahrelang reinigen, dürfen weder Alkohol noch Fleisch zu sich nehmen und müssen sich auch von seelischen Giften wie Neid, Selbstsucht und Gier befreien, bevor sie überhaupt damit beginnen dürfen, Pranayama- oder gar Kundalini-Techniken auszuüben. Die »fünf Verbote« (Yamas) und die »fünf Gebote« (Niyamas) sind für Yogaschüler unbedingt zu beachten, bevor es an die Praxis geht (siehe Seite 123ff.).

Der Versuch, die Kundalini mit Gewalt zu wecken, führt ohne intensive Vorbereitung nicht nur nicht zum gewünschten Effekt, sondern kann sogar gefährlich sein! Erzwingen Sie nichts.

Kein Weg zum Erfolg

Wer versucht, die Kundalini durch extreme asketische Übungen oder gewaltsame Atemtechniken zu wecken, muss mit Schäden an Körper und Seele rechnen. »Nur ein Narr weckt eine Schlange, indem er sie auf den Schwanz tritt« heißt es. Tatsächlich ist es möglich, die Kundalini-Energie durch extreme Übungen und mit Gewalt durch blockierte Chakras nach oben zu führen. Es kommt dabei jedoch zu sehr unangenehmen und teilweise lebensgefährlichen Nebenwirkungen wie Fieber, Verdauungsstörungen, Herzproblemen, chronischer Erschöpfung und geistiger Verwirrung. Dies alles sind deutliche Zeichen dafür, dass Energien wachgerufen wurden, die vom Übenden nicht mehr kontrolliert werden können.
In meinem *Chakra-Praxisbuch* (siehe Seite 176) habe ich gezeigt, wie wir die Chakras durch Chakra-Yoga in einen ursprünglichen, harmonischen Zustand bringen können, der schließlich – wenn die Harmonie erreicht ist und ausreichend Energie zur Verfügung steht – das Erwachen der Kundalini zur Folge hat. In der Arbeit mit der Aura setzen wir auf einer anderen Ebene an. In der Chakra-Arbeit gehen wir gewissermaßen von unten nach oben vor. Bei der Arbeit mit der Aura gehen wir dagegen von außen nach innen vor. Beide Methoden gehen sehr behutsam und sanft mit den Aspekten unseres Energiekörpers um und ergänzen einander: Für manche Menschen ist möglicherweise eher die Chakra-Arbeit hilfreich, für andere die Arbeit mit der Aura. Für den Erwachten aber sind diese Unterschiede ohnehin nur scheinbare.
Indem wir liebevoll mit uns selbst umgehen und unseren Weg geduldig, aber unbeirrt gehen, schaffen wir die besten Voraussetzungen für ein harmonisches spirituelles Erwachen. Auf diese Weise säen wir und gießen den Boden. Doch gleichzeitig akzeptieren wir, dass die Blume des Erwachens ihre Zeit braucht, um zu erblühen, und dass es ganz bestimmt besser ist, den Dingen ihren natürlichen Lauf zu lassen, als etwas mit Gewalt erzwingen zu wollen.

Die Chakras und ihre Bedeutung für die Aura

Im Folgenden sollen Sie einen kurzen Überblick über die Bedeutung der sieben Hauptchakras erhalten, die für unsere Aura von großer Wichtigkeit sind. Darüber hinaus wird auf das jeweilige Grundthema sowie den körperlichen und seelischen Wirkungsbereich der einzelnen Chakras eingegangen werden. Falls Sie mehr über die Chakras wissen möchten, empfehle ich Ihnen das *Chakra-Praxisbuch* (siehe Seite 176).

Muladhara-Chakra (Wurzelchakra)

Das unterste Chakra bildet die Basis für alle anderen Chakras. Auf Sanskrit heißt dieses Chakra *Muladhara-Chakra* – *Mula* bedeutet »Wurzel« und *adhara* »Stütze«. Oft wird dieses Chakra auch als Wurzelchakra, Basiszentrum, Steißchakra oder auch einfach als erstes Chakra bezeichnet.

Das Wurzelchakra liegt im Bereich des Beckenbodens auf Steißbeinhöhe zwischen Damm und Anus. Über das Wurzelchakra ist der Mensch energetisch mit der Erde verbunden. Über kein anderes Chakra nehmen wir so viel Energie aus der Erde auf wie über das Wurzelchakra. Dieses Chakra ist daher eine Quelle enormer Lebensenergien. Auch die Kundalini-Energie (siehe Seite 29ff.) ruht im Muladhara-Chakra. Wird diese Energie geweckt, führt dies zur Belebung sämtlicher anderer Chakras.

»Lebenskraft«, »Urvertrauen« und »Sicherheit« sind zentrale Themen des Wurzelchakras. Dieses Chakra repräsentiert den Willen zum Leben und den Selbsterhaltungstrieb. Kann die Energie in diesem Bereich ungehindert strömen, so fällt es dem Menschen leicht, sich seine Existenz auf dieser Welt zu sichern. Ein

Die sieben Hauptchakras sind im Körper vom Beckenboden bis zum Schädeldach angesiedelt und werden meistens blütenförmig dargestellt.

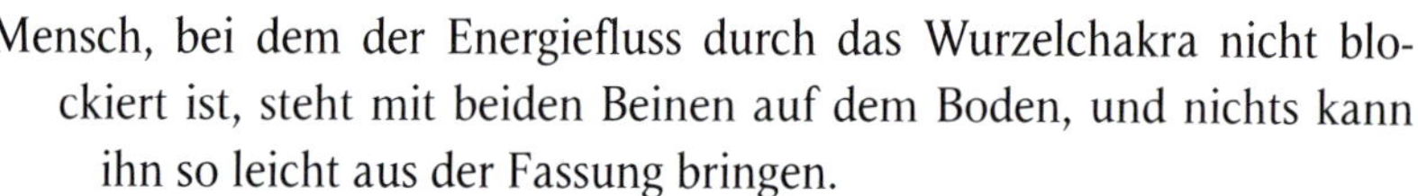

Mensch, bei dem der Energiefluss durch das Wurzelchakra nicht blockiert ist, steht mit beiden Beinen auf dem Boden, und nichts kann ihn so leicht aus der Fassung bringen.

Starke Basis

Stabilität, Lebenswille, Überleben, Selbsterhaltung, Sicherheit, Urvertrauen und Erdung sind die zentralen Themen des Muladhara-Chakras.

Fließt ungehindert Energie durch das Wurzelchakra, entstehen Urvertrauen und das Gefühl, sicher und geborgen zu sein. Die gute »Verwurzelung« ist die beste Voraussetzung für ein erfolgreiches Leben. Nicht umsonst symbolisiert auch Ganesha, eine hinduistische Gottheit in Elefantengestalt, das Muladhara-Chakra: Ganesha ist der Gott des Wohlstandes, der Fülle und des Überflusses. Menschen mit einem starken Wurzelchakra verfügen durchweg über ein hohes Maß an Lebensenergie und Lebenswillen. Ihre Ausdauer und ihr Durchhaltevermögen sind mitunter außerordentlich gut entwickelt.

Blockaden im Basischakra stören die harmonische Beziehung zu Mutter Erde. Die Einflüsse der modernen Zivilisation führen leider oft zu derartigen Blockaden. Ein Mangel an Energie im Muladhara-Chakra führt zu einem Mangel an Lebensenergie, Lebensfreude und Vertrauen in das Dasein. In diesem Fall sollte die Muladhara-Energie durch entsprechende Übungen angeregt werden, wodurch mit der Zeit Stabilität, Urvertrauen und Gelassenheit entwickelt werden.

Svadhisthana-Chakra (Sakralchakra)

Das Svadhisthana-Chakra – *Svadhisthana* bedeutet so viel wie »Süße« oder »Lieblichkeit«, wird aber auch mit »eigener Wohnplatz« übersetzt – ist das Zentrum der Sinnlichkeit und der Sexualität. Das Svadhisthana-Chakra ist auch unter den Bezeichnungen Sakralchakra, Sexualchakra, Geschlechtszentrum oder einfach zweites Chakra bekannt. Über das Sakralchakra können wir Kontakt zu unseren weiblichen Energien, also zur Shakti-Energie, aufnehmen und eine Verbindung zur Weisheit des Unterbewusstseins herstellen.

Das Sakralchakra liegt auf Höhe des Kreuzbeins, etwas oberhalb der Geschlechtsorgane bzw. einige Fingerbreit unterhalb des Bauchnabels. Es ist das Zentrum der menschlichen Sexualität, und die sexuelle Energie ist für die Fortpflanzung, Geburt und Neuschöpfung von großer Bedeutung. Das Sakral-Chakra repräsentiert neben dem Aspekt der Sexualität auch Kreativität und schöpferische Lebensenergie sowie Sinnlichkeit und Lebensfreude.

Das Svadhisthana-Chakra stellt das Zentrum der ursprünglichen Lebenslust dar. Fließt die Energie in diesem Chakra ungehindert, fällt es leicht, sein Leben mit allen Sinnen zu genießen. Die Verbindung schöpferischer Energie und intensiver Lebenslust bildet die Basis für Neuschöpfung – dies wird vor allem in der Sexualität und der Fortpflanzung deutlich.

Ausgeglichenheit und Lebensfreude

Eine gute Verbindung zu Ihrem Sakralchakra ermöglicht es, Ja zur eigenen Sexualität und Sinnlichkeit zu sagen und sich selbst auch auf körperlicher Ebene anzunehmen. Dies ist eine notwendige Voraussetzung für die erotische Begegnung mit einem Partner und für eine erfüllende Partnerschaft.

Sowohl ein Mangel als auch ein Überfluss an Energie im Sakralchakra kann zu vielen Schwierigkeiten führen. So sind Eifersucht, Ängste und ein Mangel an sexueller Lust ebenso mögliche Erscheinungen wie zwanghaftes Sexualverhalten, eine Neigung zur Sucht, Schuldgefühle oder auch Aggressivität.

Wer sein Svadhisthana-Chakra durch Chakra-Arbeit aktiviert und harmonisiert, lernt, das Leben zu genießen und eine gesunde Beziehung zu seinen sexuellen und sinnlichen Kräften zu entwickeln. Dass dies eine wichtige Grundvoraussetzung für einen ausgeglichenen Seelenzustand ist, wird auch in der westlichen Psychologie immer wieder betont.

Zu den zentralen Themen des Svadhisthana-Chakras gehören neben den körperlichen Aspekten der Sexualität, Sinnlichkeit und Fortpflanzung auch die geistigen Aspekte der Kreativität und schöpferischen Lebensenergie.

Manipura-Chakra (Nabelchakra)

Der Sanskritbegriff *Manipura* bedeutet »leuchtendes Juwel«. Das Manipura-Chakra ist besonders energiereich. Wie eine leuchtende Sonne durchstrahlt dieses Chakra den ganzen Körper und versorgt ihn mit Prana, der universellen Lebenskraft. Häufig wird das Manipura-Chakra auch als Nabelchakra, als Solarplexuszentrum oder einfach als drittes Chakra bezeichnet. Trotz der Bezeichnung »Nabelchakra« liegt das Manipura-Chakra nicht genau auf der Höhe des Nabels, sondern etwas oberhalb, also eher im Magenbereich, am Übergang zwischen Lenden- und Brustwirbelsäule. Da im Nabelchakra besonders viel Lebensenergie gespeichert wird, ist eine gute Funktion dieses Chakras für den gesamten Organismus von großer Bedeutung.

Sitz des Feuers

Das Manipura-Chakra repräsentiert alle Aspekte einer gesunden Persönlichkeit, die sich in der Welt durchsetzen kann. Aus dem Nabelchakra entspringt die Kraft der Gefühle. Menschen, die ein starkes Nabelchakra haben, sind sich ihrer Identität und Individualität bewusst. Das Feuerelement verleiht ihnen ein hohes Maß an Lebendigkeit. Diese ist nötig, um ein selbstbewusstes Ich zu entwickeln, seine Ziele zu verwirklichen und die Welt aktiv mitzugestalten.

Willenskraft, Selbstvertrauen, Charisma, eine entwickelte Persönlichkeit, Selbstkontrolle, Gefühle, Sensibilität, Macht und Durchsetzungskraft sind die Hauptthemen des Manipura-Chakras.

Fließt die Energie im Manipura-Chakra ungehindert, so fällt es dem Menschen leicht, seinen Weg voller Tatkraft zu gehen. Er entwickelt eine starke Persönlichkeit; doch trotz der Macht, die daraus entsteht, verfügt er zugleich über Sensibilität und Mitgefühl. Man erkennt Menschen mit einem starken Nabelchakra daran, dass sie spontan sind; sie handeln »aus dem Bauch« heraus – und meist treffen sie mit ihren Entscheidungen genau ins Schwarze. Energieüberschüsse wie auch Blockaden im Nabelchakra haben negative Folgen. So können Blockaden Gefühlskälte, Gleichgültigkeit oder auch Unsicherheit und mangelndes Selbstbewusstsein erzeugen; fehlgeleitete oder überschüssige Energie kann auf der anderen Seite zu Machtbesessenheit, Ehrgeiz und übertriebenem Leistungsdenken, ja sogar zu Rücksichtslosigkeit und Zerstörungswut führen.

Anahata-Chakra (Herzchakra)

Im Sanskrit bedeutet *Anahata* etwa so viel wie »nicht angeschlagen« oder »unbeschädigt«. Dies deutet darauf hin, dass wir in unserem spirituellen Herzzentrum geborgen und frei von Makel sind.

Das Anahata-Chakra wird oft auch als Brustchakra, Herzchakra oder Herzzentrum bezeichnet. Die Liebe des spirituellen Herzens ist nicht die leidenschaftliche, sinnliche Liebe, die vor allem in der westlichen Kultur oft mit der wahren Liebe verwechselt wird. Vielmehr entspricht die Liebe des Herzchakras einer Bewusstseinsstufe, auf der die Liebe nicht so sehr auf eigennützigen Interessen oder auf Trieben als vielmehr auf einer selbstlosen, mitfühlenden Grundlage ruht.
Das Herzchakra liegt im Zentrum des Chakrasystems. Das Herz wird in allen Kulturen mit der Kraft der Liebe in Verbindung gebracht. Das Herzchakra bildet das Zentrum des Menschen – die Menschenmitte. Es liegt zwar auf Höhe des anatomischen Herzens, es ist jedoch nicht nach links verschoben, sondern liegt mitten in der Brust.

Die wichtigsten Aspekte des Anahata-Chakras sind Liebe, Mitgefühl, Menschlichkeit, Zuneigung, Geborgenheit, Offenheit, Toleranz und Herzensgüte.

Zentrum der universellen Liebe

Aus dem Herzchakra strömen die Kräfte, die den Menschen mit seinen Mitmenschen verbinden. Wahres Mitgefühl, das Sich-Hineinversetzen in das Du und das tiefe Verständnis für den anderen sind allesamt emotionale Fähigkeiten, die zeigen, dass das Bewusstsein bereits eine hohe Stufe der Entwicklung erreicht hat.

Menschen mit einem starken Herzchakra überwinden ihre egoistischen Interessen und überschreiten damit ihre Begrenzungen. Im Gegensatz zur persönlichen Liebe, die sich nur auf den eigenen Partner, die engsten Freunde oder Familienmitglieder erstreckt, öffnet sich die überpersönliche Liebe jedem Du. Aus dieser offenen Haltung entsteht Toleranz. Diese Toleranz gegenüber anderen Menschen, Ideen und Kulturen ist die Basis der Mitmenschlichkeit, die in allen Religionen gefordert wird.
Wenn das Herzchakra gefestigt ist, fällt es leicht, Verantwortung für andere zu übernehmen. Ebenso fällt es leicht, sich selbst liebevoll anzunehmen und sich trotz all der kleinen persönlichen Fehler und Schwächen zu akzeptieren. Kommt es im Bereich des Anahata-Chakras zu Blockaden, kann dies eine lieblose, verbitterte Haltung erzeugen. Es entsteht das Gefühl, von anderen getrennt und isoliert zu sein. Kontaktschwierigkeiten und Einsamkeit sind häufige Folgen dieser Einstellung. Störungen im Funktionsbereich des Herzchakras können aber auch dazu führen, dass man sich zu wenig von anderen abgrenzt und den Kontakt zur eigenen Identität verliert.

Vishuddha-Chakra (Halschakra)

Kommunikation, Wortbewusstsein, Inspiration, Wahrheit, mentale Kraft, Synthese und Musikalität sind die zentralen Themen des Vishuddha-Chakra.

Vishuddhi bedeutet »reinigen«. Das Wort- und Wahrheitsbewusstsein, das auf dieser Ebene repräsentiert wird, wirkt reinigend auf das Bewusstsein und lässt innere Klarheit entstehen. Das Vishuddha-Chakra wird oft auch Halschakra, Kehlchakra, Halszentrum, fünftes Chakra oder Kommunikationschakra genannt.

Das Vishuddha-Chakra liegt im Bereich der Halswirbelsäule, etwa auf Höhe des Kehlkopfes. Seine Energie beeinflusst nicht nur die Atmung und den Klang der Stimme, sondern auch das Gehör. Das Halschakra ist das Zentrum des Klangs, das Chakra, das für Sprache und Kommunikation verantwortlich ist. Der bewusste Umgang mit Worten, der Versuch, bei allem Gesagten bei der Wahrheit zu bleiben, und der Selbstausdruck sind die Entwicklungsaufgaben, die mit dem Halschakra zusammenhängen. Das Halschakra bildet überdies auch ein wichtiges Verbindungsglied zwischen Herzchakra und Stirnchakra; somit stellt es ein gesundes Gleichgewicht zwischen Fühlen und Denken her.

Sprechen und hören

Menschen, die ein gut entwickeltes Halschakra haben, können sehr gut mit Sprache umgehen. Sie wissen, wie sie ihre Stimme einsetzen und wie sie sich anderen mitteilen können. Über die Stimme können wir nicht nur Informationen austauschen, sondern auch Gefühle zum Ausdruck bringen. Schauspieler und Redner können die Seele ihrer Zuhörer anrühren, wenn es ihnen gelingt, Gefühl in ihre Worte zu legen.

Das Halschakra repräsentiert auch den Gehörsinn. Es bietet uns den Schlüssel zur Welt des Klangs. Klänge können unsere Stimmungen in Sekundenbruchteilen verändern – was auch die Magie der Musik erklärt. Ein gut entwickeltes Halschakra geht immer mit Musikalität einher – sogar Menschen, die selbst kein Instrument spielen, können sehr musikalisch sein, auch wenn sie das nicht immer wissen.

Nicht zuletzt hängt das Halschakra auch mit unseren Gedanken zusammen. Ein Großteil der Gedanken besteht aus Worten. Alles, was wir zu anderen, aber vor allem alles, was wir zu uns selbst sagen, beeinflusst unsere Gedankenwelt und damit unser Lebensgefühl.

Störungen im Vishuddha-Chakra können Schüchternheit, Hemmungen, Sprachstörungen und einen Mangel an Ausdrucksmöglichkeiten erzeugen; auf der anderen Seite sind Ruhmsucht, der Versuch, andere Menschen zu manipulieren, und der Hang zu Geschwätzigkeit mit einer unharmonischen Entwicklung des Halschakra in Verbindung zu bringen.

Ajna-Chakra (Stirnchakra)

Ajna bedeutet »wissen« oder »wahrnehmen«. Das Ajna-Chakra wird auch als Stirnchakra, Drittes Auge, Stirnzentrum, Weisheitschakra oder sechstes Chakra bezeichnet. Das Stirnchakra ist das geistige Zentrum der Erkenntnis und Intuition. Höheres Wissen kann nur durch das Überwinden der Dualität erlangt werden. Im Ajna-Chakra enden die zwei wichtigsten Energiebahnen Ida und Pingala – sie repräsentieren die beiden Pole Sonne/Mond, männlich/weiblich usw. Ida und Pingala laufen im Stirnchakra zusammen – durch die Meditation auf dieses Chakra kann das Denken von der Dualität befreit werden.
Das Stirnchakra liegt in der Mitte der Stirn, zwischen den Augenbrauen und etwas oberhalb der Nasenwurzel. Über das Stirnchakra kann sich der Mensch mit den geistigen Welten verbinden. Das Ajna-Chakra stellt den Kontakt zur Intuition her, es ermöglicht die Erkenntnis höherer Wirklichkeiten und das Überschreiten des Alltagsbewusstseins. Übersinnliche Wahrnehmungen wie Hellsehen oder Gedankenlesen hängen mit dem Ajna-Chakra zusammen.

Das Ajna-Chakra hängt mit den Aspekten Intuition, Weisheit, Erkenntnis, Wahrnehmung, Fantasie, Vorstellungskraft und Selbsterkenntnis zusammen.

Erkenne dich selbst

Die Aufgabe, die mit der Entwicklung des Stirnchakras einhergeht, ist Selbsterkenntnis – das Erkennen des Höheren Selbst, das nicht mit dem weltlichen Ego identisch ist, sondern weit darüber hinaus geht. Meditationen auf das Ajna-Chakra können zu Lichterfahrungen führen – ein Zeichen dafür, dass das innere Licht, die innere Erkenntnis aufleuchtet.
Menschen, die ein gut entwickeltes Stirnzentrum haben, fällt es leicht, innere Bilder zu erzeugen: Ihre Vorstellungskraft ist ebenso beeindruckend wie ihre Fantasie. Oft haben diese Menschen einen Hang zu Visionen – sie können Dinge voraussehen oder haben zumindest ein sehr feines Gespür.

Wenn die Energien im Ajna-Chakra ungehindert fließen können, entsteht geistige Klarheit. Der klare Blick führt zu höheren Erkenntnissen, die nicht mehr durch Täuschungen und Illusionen getrübt sind.
Durch Blockaden oder Energieüberschuss im Stirnchakra entstehen leicht seelische Fehlhaltungen. Konzentrationsschwäche und Gedankenflucht deuten auf eine Störung im Ajna-Chakra hin. Aber auch Vergesslichkeit, geistige Verwirrung und Aberglaube können damit zusammenhängen. Selbstsucht, Selbstverherrlichung und Machtstreben können auftreten, wenn die Energien des Dritten Auges durch eine egoistische Haltung in die falschen Richtungen gelenkt werden.

Sahasrara-Chakra (Kronenchakra)

Sahasrara bedeutet »tausend«, »tausendfältig« oder einfach »unzählbar«. Das Sahasrara-Chakra heißt auch Kronenchakra, Scheitelchakra, Scheitelzentrum, siebtes Chakra oder Tausendblättriger Lotos.
Die wichtigste Energiebahn des Feinstoffkörpers ist Sushumna. Sie verläuft vom untersten Chakra, dem Muladhara-Chakra, zum höchsten, dem Sahasrara-Chakra. In ihr steigt Kundalini, ein Symbol für die Erweckung des menschlichen Potenzials, auf (siehe Seite 29ff.). Im Laufe der spirituellen Entwicklung wird die schöpferische Urenergie (Shakti), die im untersten Chakra ruht, geweckt. Sie strömt aufwärts, erweckt dabei alle Chakras und vereinigt sich schließlich mit dem universellen Bewusstsein im höchsten Chakra. Dieses universelle Bewusstsein wird durch Shiva repräsentiert, und das Kronenchakra gilt als Wohnstätte Shivas.

Zu den zentralen Aspekten des Sahasrara-Chakras gehören die Erfahrung geistiger Welten bis hin zur Gotterkenntnis, Erleuchtung und Verbundenheit mit dem Kosmos.

Das Aufsteigen von den unteren zu den höchsten Ebenen und die Vereinigung des individuellen mit dem göttlichen Selbst sind das Ziel der spirituellen Reise. Dieses Aufsteigen von der Dunkelheit ins Licht wird auch im Symbol des Lotos deutlich: Der Lotos wächst aus dem Schlamm und der Dunkelheit und gelangt schließlich zu strahlender, reiner Blüte. Ebenso sollte sich das menschliche Bewusstsein entwickeln, sollte sich aus den animalischen, »dunklen« Ebenen nach oben bewegen und das Licht der Seele zum Strahlen bringen.
Das Kronenchakra liegt im Bereich des Schädeldachs, am Scheitelpunkt des Kopfes. Die Hauptthemen des Kronenchakras sind Spiritualität, Selbstverwirklichung und Erleuchtung. Auf der Entwicklungsstufe, die

durch das höchste Chakra repräsentiert wird, geht es darum, sich seines göttlichen Ursprungs bewusst zu werden und tiefen Frieden zu erlangen. Durch das Bewusstwerden der Qualitäten des Scheitelzentrums wird die Erfahrung von Eins-Sein und Heil-Sein möglich. Die Entwicklung dieses Zentrums führt die Persönlichkeit zu höchster Reife und verwandelt sie in die »große Seele« (Sanskrit: *Mahatma*).

Eingehen in den inneren Frieden

Das Kronenchakra lässt sich nicht erwecken, solange nicht alle anderen Chakras eine stabile Basis dafür bilden. Eine Aktivierung des hochsensiblen Kronenchakras ist nicht ratsam, bis die Energie nicht auch in den anderen Chakras angeregt worden ist.
Eine ausgesprochen einseitige Konzentration auf das Sahasrara-Chakra kann zu Welt- und Realitätsflucht führen, sie kann aber auch depressive Verstimmungen und Verwirrungszustände erzeugen. Allerdings ist dies in der Praxis kaum möglich, da es dazu geheimer Techniken bedarf. Innerhalb der normalen Entwicklung steht das Erwachen des höchsten Bewusstseins auf der letzten Stufe der inneren Leiter. Dieses Erwachen ist fast immer mit sehr angenehmen Bewusstseinszuständen verbunden. Unumstößliche Gelassenheit, ein tiefer Friede und das Verbundensein mit dem Universum sind Anzeichen dafür, dass das höchste Ziel erreicht wurde: es ist Samadhi – die vollkommene Verschmelzung und der Zustand absoluter Glückseligkeit.

Um zu erklären, dass Aura und Chakras in gewisser Weise Ausdruck derselben Energien und dennoch verschieden voneinander sind, wurden zahlreiche Bilder und Ideen zu Hilfe genommen. In jeder einzelnen Idee steckt etwas Wahrheit, doch sie birgt auch Widersprüchlichkeiten in sich.

Im Kleinen wie im Großen

Aura und Chakras stehen in einem engen Zusammenhang miteinander. Über das Wesen dieses Zusammenhangs haben sich schon viele Menschen Gedanken gemacht. Die ersten Überlegungen dazu sind schon über tausend Jahre alt. Und doch ist bis heute keine Antwort auf die vielen Fragen gegeben worden, die wirklich befriedigt: Ist die Aura, wie im modernen Kundalini-Yoga, das von Yogi Bhajan begründet wurde, das achte Chakra? Gehört zu jedem Chakra eine Aura-Schicht? Sind die Schichten der Aura »Ausstrahlungen« der Chakras? Oder sind umgekehrt die Chakras verdichtete Wirbel aus Aura-Energie?

»Eindimensionale« Vorstellungen

Auf das Verhältnis zwischen Aura und Chakras soll hier nicht weiter eingegangen werden. Vielleicht hilft Ihnen das Modell auf Seite 45 jedoch dabei, Ihr Verständnis von Aura und Chakras zu vertiefen und Missverständnisse aufzuklären.

Alle Erklärungen der Zusammenhänge zwischen Aura und Chakras haben eines gemeinsam: Sie sind, bei genauerer Betrachtung, eindimensional. Die Zusammenhänge zwischen Aura und Chakras sind jedoch nur zu verstehen, wenn man zu der Erkenntnis gelangt, dass sie zwar *eine* Energieform, jedoch in unterschiedlichen Dimensionen beschreiben.

Dies klingt nun schrecklich theoretisch. Im Grunde ist das Prinzip jedoch leicht zu verstehen. Zeichnen Sie beispielsweise einen Würfel oder ein anderes Objekt mit drei Raumdimensionen. Dabei stoßen Sie auf die Schwierigkeit, dass Sie auf einem Blatt nur zwei Dimensionen (Höhe und Breite) zur Verfügung haben. Sie müssen also eine Raumdimension (Tiefe) weglassen. Allenfalls können Sie durch eine perspektivische Zeichnung die Tiefe andeuten oder sogar eine sehr gute Illusion von Tiefe entstehen lassen. Doch natürlich wird der Zeichnung die Tiefe des echten Würfels immer fehlen. Und Sie werden nie erfahren, was auf der Rückseite des gezeichneten Würfels steht. Mit den bisherigen Vorstellungen von Aura und Chakras verhält es sich ähnlich. Nur sind zwei Dimensionen feinstofflicher Energie noch wesentlich schwerer vorstellbar als die uns vertrauten drei Raumdimensionen.

Was erst einmal nach grauer Theorie klingt, ist wichtig, wenn man wirklich verstehen will, wie es sein kann, dass Aura und Chakras verwandt sind und zusammenhängen, es aber keine Hierarchie gibt. Weder ist die Aura wichtiger als die Chakras, noch verhält es sich umgekehrt. Sie sind das Gleiche und doch verschieden. In der Grafik auf Seite 45 soll versucht werden, dies bildlich darzustellen.

Bei eindimensionaler Betrachtung eines dreidimensionalen Gegenstandes kann die Erfassung der »Wirklichkeit« immer nur bruchstückhaft und unvollständig bleiben.

Man könnte den Zusammenhang zwischen Aura und Chakras auch mit dem Inneren und dem Äußeren eines Hauses vergleichen: Beide beschreiben das Gleiche, aber aus einer anderen Perspektive.

Ebenso wie die verschiedenen Seiten eines Würfels sind auch Aura und Chakren nur zwei Betrachtungsweisen ein und desselben Sachverhalts.

Der Strudel der Wiedergeburt

Schon die alten Weisen wussten, dass in der Aura Karma, das Gesetz von Ursache und Wirkung, offenbar wird. Der materielle Leib vergeht – doch der feinstoffliche Leib bleibt erhalten und mit ihm die Fortschritte, Rückschritte, Fehler und Tugenden, die ihn ständig formen.

Eine Frage, welche die Weisen schon lange beschäftigt hat, ist diese: Warum erinnern sich nur spirituell sehr weit fortgeschrittene Menschen an vorangegangene Leben, während andere sich kaum oder gar nicht erinnern? Natürlich war schon immer bekannt, dass die spirituelle Entwicklung entscheidend ist und dass sich eben diese spirituelle Entwicklung in der Aura zeigt. Doch wie hängt dies zusammen?

Rätselhafte Phänomene

Beim Studium alter Schriften stieß ich mehrmals darauf, dass Menschen, die mit vollem Bewusstsein früherer Inkarnationen lebten, davon sprachen, dass die Seele beim Tod wie durch einen Strudel gezogen und aus diesem Strudel neu geboren wird. Bei den meisten Menschen gehen dabei die persönlichen Erinnerungen größtenteils verloren – bei einigen jedoch nicht. Warum?

Ich habe das Bild des Strudels wörtlich genommen und bin dabei auf etwas Interessantes gestoßen. In den Abbildungen auf Seite 46 oben sehen Sie links die grob vereinfachte Darstellung der Aura eines weit fortgeschrittenen Menschen und rechts die eines weniger weit entwickelten.

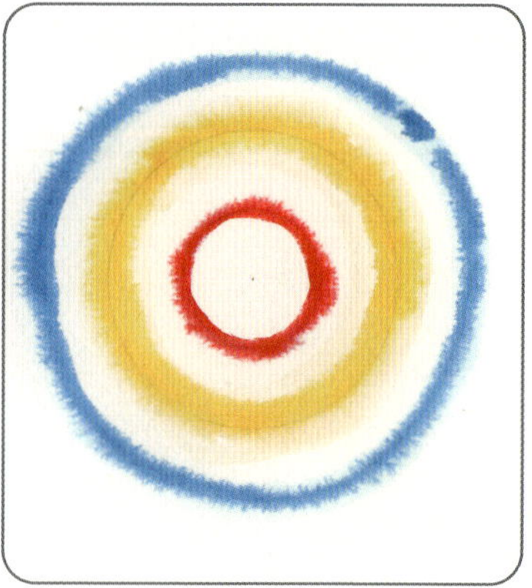

Wenn nun diese Auras in einen Strudel gezogen werden, ergibt sich Folgendes: Erstaunlicherweise werden sich die beiden Auras im Strudel des Todes immer ähnlicher. Noch erstaunlicher ist aber, was geschieht, wenn nun der Strudel wieder aufgelöst wird.

Wir würden erwarten, dass wieder die vorherigen Bilder entstehen – und doch sehen Sie sofort, dass die entwi-

Die linke Abbildung der Bildpaare zeigt jeweils die grob vereinfachte Darstellung der Aura eines spirituell weit fortgeschrittenen Menschen, die Abbildung rechts jeweils die eines weniger weit entwickelten. Oben: die Aura zu Lebzeiten; mitte: die Aura im Strudel des Todes; unten: die Aura nach der Wiedergeburt.

ckelte Aura sich kaum verändert hat, bei der des weniger entwickelten Menschen sind hingegen die charakteristischen Eigenschaften verloren gegangen. Selbst in dieser stark vereinfachten Darstellung wird sichtbar, dass sich das Karma bei der Wiedergeburt ausgewirkt hat. Damit können einige Phänomene, die bislang rätselhaft waren, erklärt werden.

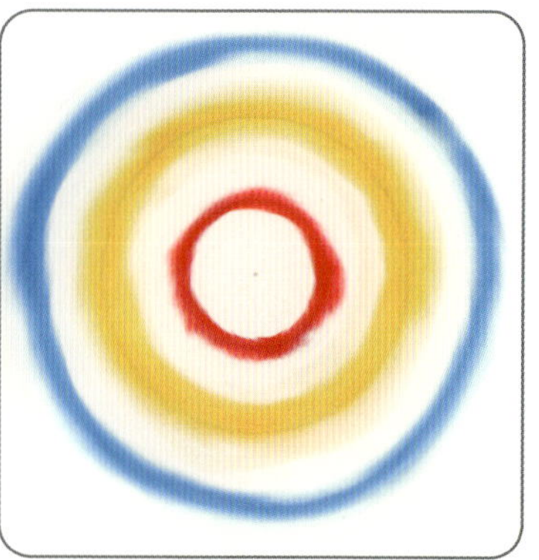

Test: Wie sieht Ihre Aura aus?

Mit dem folgenden kurzen Test können Sie einen ersten Eindruck davon gewinnen, wie Ihre Aura (die ersten drei Schichten) grob aussehen könnte. Das Ergebnis kann natürlich nur eine Andeutung sein und nicht Ihre Aura in ihrer wahren Schönheit darstellen.

Der Test ist in erster Linie für diejenigen Leser gedacht, die noch keine Erfahrungen mit den Aura-Energien haben und bisher nicht in der Lage sind, die Aura bewusst wahrzunehmen. Das Testergebnis ist ein Hilfsmittel zur Verfeinerung Ihrer Wahrnehmungen. Später, wenn Sie die Aura sehen können, können Sie mithilfe des Tests Vergleiche zwischen dem Testergebnis und Ihren persönlichen Wahrnehmungen anstellen – das kann sehr interessant sein! Der Test besteht aus zwölf Fragen, die Sie bitte möglichst spontan mit »Stimmt« oder »Stimmt nicht« beantworten.

	Stimmt	Stimmt nicht
1. Ich fühle mich gesund und voller Lebenskraft.	❑	❑
2. Ich habe nur selten Probleme mit dem Kreislauf, der Verdauung oder der Atmung.	❑	❑
3. Ich bin im Großen und Ganzen recht zufrieden mit meinem Leben.	❑	❑
4. Ich bin noch nie lebensbedrohlich krank gewesen.	❑	❑
5. Mir wird nicht so leicht kalt.	❑	❑
6. Ich denke gern über den Sinn des Lebens nach.	❑	❑
7. Ich brauche keine Sehhilfe und sehe auch nachts ganz gut.	❑	❑
8. Ich habe ein erfülltes Sexualleben.	❑	❑
9. Ich kann meinen Gefühlen gut Ausdruck verleihen.	❑	❑
10. Mich wirft so leicht nichts um.	❑	❑
11. Ich bewege mich gern, kann mich aber auch ohne weiteres entspannen.	❑	❑
12. Ich bin an vielen Dingen interessiert.	❑	❑

Auswertung

Für jede Frage, die Sie mit »Stimmt« beantwortet haben, schraffieren Sie eine Aura-Schicht (siehe Seite 49). Dazu verwenden Sie drei Farbstifte: Rot für die erste Aura-Schicht (Fragen 1, 4, 7, 10), Orange für die zweite (Fragen 2, 5, 8, 11) und Gelb für die dritte (Fragen 3, 6, 9, 12). Schraffieren Sie so: Fragen 1, 2, 3: von rechts oben nach links unten; Fragen 4, 5, 6: von oben nach unten; Fragen 7, 8, 9: von links oben nach rechts unten; Fragen 10, 11, 12: von rechts nach links.

Auswertung

Je mehr Fragen einer Aura-Ebene Sie mit »Stimmt« beantwortet haben, desto dichter werden sich die Schraffuren überlagern und desto dichter wird die Aura-Schicht in dem Bild – und das bedeutet energiereicher. Sie erhalten als Ergebnis ein Aura-Bild, das die Energieladung der ersten drei Aura-Ebenen andeutet.

Sehen Sie sich Ihr Aura-Bild an und lassen Sie es auf sich wirken. Eventuelle Blockaden und Disharmonien werden Ihnen meist schon intuitiv auffallen. Ich möchte Sie hier nur auf zwei Dinge hinweisen.

1. Wenn die Aura außen dichter ist als innen (Abbildung unten links), deutet das darauf hin, dass Sie gute spirituelle Entwicklungsmöglichkeiten haben, diese Möglichkeiten aber zur Zeit nicht integriert haben – wahrscheinlich aufgrund körperlicher Probleme. Die Arbeit an diesen Problemen sollte im Vordergrund stehen.

2. Ist eine Schicht sehr wenig energiereich (keine oder nur eine Frage in dem betreffenden Bereich mit »Stimmt« beantwortet; siehe Abbildung unten Mitte), liegt höchstwahrscheinlich eine Blockade vor. In den Kapiteln »Aura-Heilung« (siehe Seite 139ff.) und »Die Aura entwickeln« (siehe Seite 115ff.) finden Sie Hinweise darauf, wie solche Blockaden aufgelöst werden können.

3. Sind die Aura-Schichten gleichmäßig entwickelt oder nimmt die Energie nach außen hin ab (Abbildung unten rechts), besteht eine harmonische Entwicklung, die Sie mit unseren Übungen fördern.

Denken Sie daran, dass dieser kleine Test Ihnen vor allem dabei helfen soll, sich auf die Wahrnehmung der Aura einzustimmen. Der Test ist nur ein grobes Hilfsmittel, solange Sie die Aura nicht sehen. Wenn Sie erst einmal die feinstofflichen Ebenen wahrnehmen können, erkennen Sie wesentlich mehr als in diesem Test. Nehmen Sie ihn also nicht allzu wichtig.

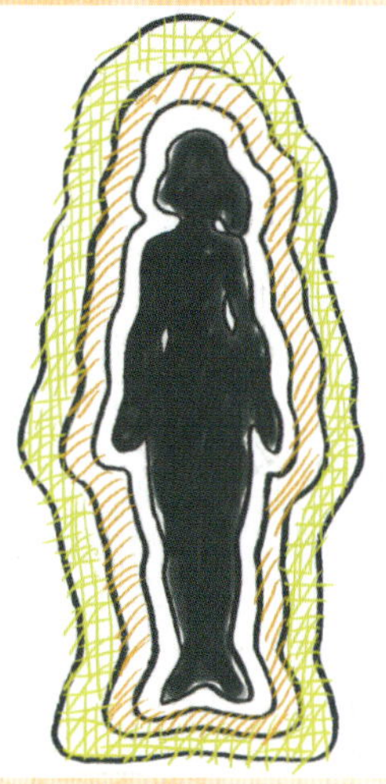

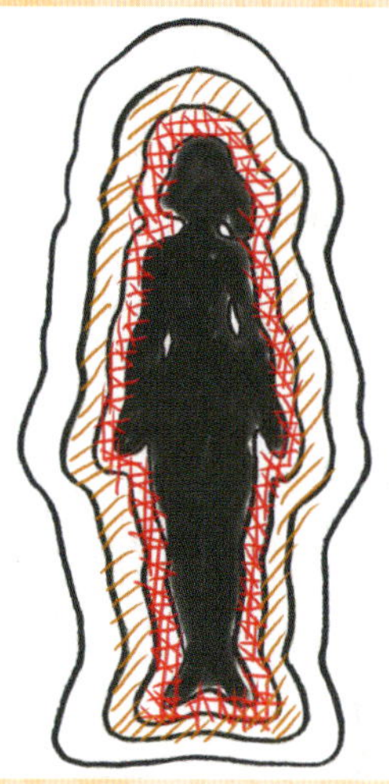

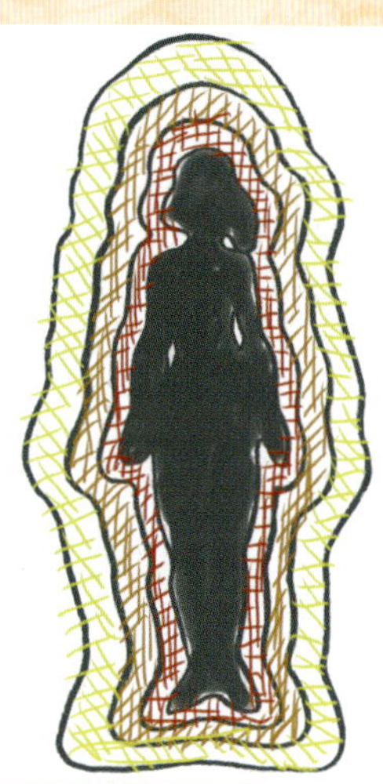

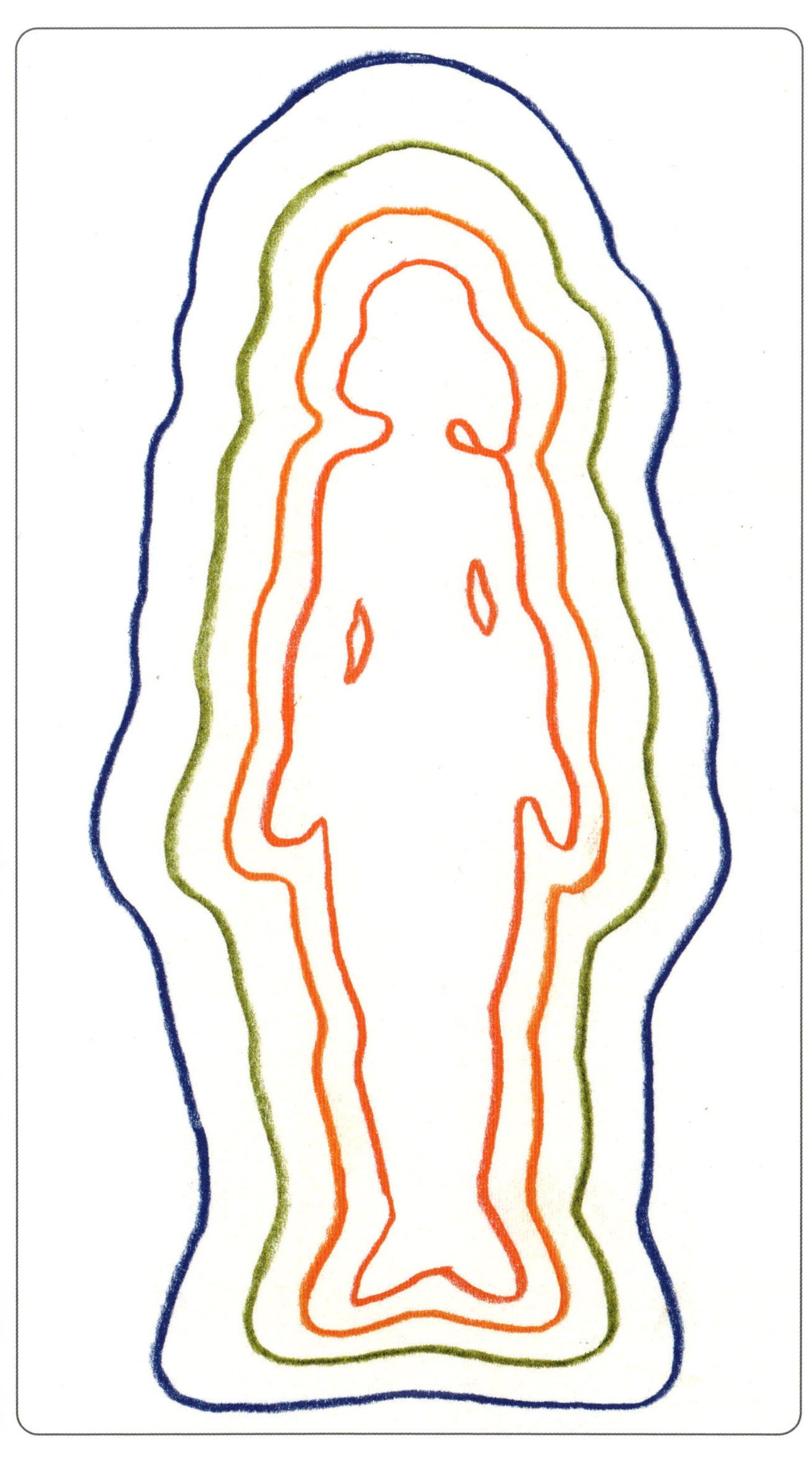

Mit den Antworten auf die Fragen von Seite 47 erhalten Sie eine grob vereinfachte Darstellung Ihrer Aura und wie sie zum jetzigen Zeitpunkt entwickelt ist.

Die Aura wahrnehmen

Menschen, welche die Aura sehen können, werden oft als große Ausnahme betrachtet. Doch in Wahrheit schlummert diese Gabe in jedem von uns. Auch Sie können die Aura sehen!

Das Unsichtbare sehen

Jeder Mensch kann lernen, die Aura wahrzunehmen. Es sind dazu lediglich Offenheit sowie ein wenig Übung und Geduld erforderlich.

Jeder Mensch – ebenso wie jedes Tier und jede Pflanze – hat eine Aura. Und jeder Mensch kann diese Aura auch wahrnehmen. Wenn man ganz genau hinsieht, kann man sogar feststellen, dass die meisten Menschen durchaus bereits Erfahrungen mit der Wahrnehmung feinstofflicher Energien gemacht haben. Wenn einer der folgenden Punkte auf Sie zutrifft, sind auch Ihnen solche Wahrnehmungen nicht fremd:

- Spüren Sie manchmal, dass jemand, der hinter Ihnen steht, Sie anschaut?
- Kennen Sie das Gefühl, dass irgendetwas Ihnen Angst macht, obwohl es dafür keinen »vernünftigen« Grund gibt?
- Haben Sie schon einmal die Erfahrung gemacht, dass Sie einen Raum betreten, in dem »dicke Luft« herrscht? Oder konnten Sie andererseits spüren, dass bestimmte Orte eine ausgesprochen friedliche Atmosphäre ausstrahlen?
- Sind Sie schon Menschen begegnet, die eigentlich freundlich und sympathisch waren und eine große Anziehungskraft ausübten, die Ihnen aber irgendwie »unheimlich« waren?
- Kennen Sie das Phänomen der Gedankenübertragung? Vielleicht greifen Sie manchmal zum Telefonhörer, um einen guten Freund anzurufen – und siehe da: In diesem Moment klingelt das Telefon und eben jener Freund ist am Apparat!
- Haben Sie schon einmal das Gefühl gehabt, jemandem sehr nahe zu sein – ja ihn fast schon körperlich spüren zu können, obwohl er gerade viele Kilometer von Ihnen entfernt war?
- Glauben Sie manchmal, es regelrecht sehen zu können, wie zwischen einer Mutter oder einem Vater und einem Kind oder zwischen einem Liebespaar Energien fließen?

Achten Sie auf solche Anzeichen subtiler Energien! Bereits dadurch werden Sie Ihren sechsten Sinn kultivieren und die besten Voraussetzungen für die Aura-Arbeit schaffen.

Ohne Augen sehen

Vielleicht haben Sie sich schon gefragt, warum statt vom Sehen hier meist von der Wahrnehmung die Rede ist. Der Grund dafür liegt nicht darin, dass Wiederholungen vermieden werden sollen, sondern darin, dass wir die Aura nicht nur sehen, sondern auch hören, ertasten oder fühlen können. Alle unsere Sinne können die Aura wahrnehmen.

Ich will Sie nicht verwirren, aber genau genommen müsste ich eigentlich sagen, dass wir die Aura mit keinem unserer Sinne wahrnehmen können – zumindest nicht direkt. Es kommt uns nur so vor, als würden wir die Aura mit unseren grobstofflichen Sinnen erfassen. In Wirklichkeit nehmen wir die Aura anderer Wesen jedoch mit unserer eigenen Aura wahr. Für diese Wahrnehmungskategorie fehlen unserem Verstand jedoch die Worte – unser Gehirn »übersetzt« feinstoffliche Wahrnehmungen daher in sinnliche, die unserer alltäglichen Erfahrung näher stehen: Deshalb »sehen«, »hören«, »tasten« oder »fühlen« wir die Aura.

Beantworten Sie die 26 Fragen des Tests bitte möglichst spontan. Wenn Sie das Gefühl haben, dass weder »Stimmt« noch »Stimmt nicht« wirklich zutrifft, wählen Sie die Antwort, die am ehesten passt. Denken Sie daran, dass es keine richtigen oder falschen Antworten gibt. Antworten Sie so intuitiv, wie es Ihnen möglich ist.

Unterschiedliche Beschreibungen – ein Phänomen

Die Tatsache, dass die Aura mit allen Sinnen wahrgenommen werden kann, ist der Grund dafür, warum es so viele unterschiedliche Vorstellungen von der Aura gibt und warum sich die Wahrnehmungen von Menschen, welche die Aura »sehen«, oft stark voneinander unterscheiden. Leider führt das dazu, dass sehr viele Menschen diese Wahrnehmungen anzweifeln – sie glauben, dass die Aura eine Einbildung sein muss, wenn Hellsichtige sie so unterschiedlich beschreiben. Doch Tatsache ist, dass die Aura von verschiedenen sensitiven Menschen je nach Veranlagung eben einfach durch verschiedene Brillen oder Filter gesehen wird.

In dem Kapitel »Die Aura wahrnehmen« werden Sie erfahren, wie Sie das, was Sie sehen, hören, riechen, schmecken und tasten, verfeinern können, bis Sie die Aura mit allen Sinnen klar wahrnehmen. Mit dem nebenstehenden Test können Sie zuvor herausfinden, welcher Ihrer grobstofflichen Sinne vermutlich am besten entwickelt ist.

Test: Welcher Wahrnehmungstyp sind Sie?

	Stimmt	Stimmt nicht
1. Es fällt mir leicht, mir innere Bilder vorzustellen.	A ❑	❑
2. Jeder Mensch braucht körperliche Nähe und Zuwendung.	H ❑	❑
3. Ich bin handwerklich einigermaßen begabt.	H ❑	❑
4. Auf meine Intuition kann ich mich in der Regel verlassen.	I ❑	❑
5. Ein Bild sagt mehr als tausend Worte.	A ❑	❑
6. Ich habe meist warme Hände.	H ❑	❑
7. Ich spüre es irgendwie, wenn mich jemand ansieht.	I ❑	❑
8. Die ständige Musikberieselung geht mir auf die Nerven.	O ❑	❑
9. Ich kann mir Melodien sehr schnell merken und nachsingen.	O ❑	❑
10. Die Augen sind der Spiegel der Seele.	A ❑	❑
11. Ein sehr weicher Händedruck ist mir unangenehm.	H ❑	❑
12. Es gibt Kunstwerke, an denen ich stets etwas Neues entdecke.	A ❑	❑
13. Ich bin sehr sensibel gegenüber Stimmungen, die unausgesprochen im Raum stehen.	I ❑	❑
14. Die Harmonien in einem Musikstück sind mindestens so wichtig wie Melodie und Rhythmus.	O ❑	❑
15. Ich sehe es Menschen sofort an, wenn sie lügen.	A ❑	❑
16. Wenn jemand lügt, höre ich das am Klang der Stimme.		
17. Ich wäre lieber Bildhauer als Maler oder Musiker.	H ❑	❑
18. Vom Anblick unberührter Natur kann ich mich kaum losreißen.	A ❑	❑
19. Beim Essen gilt für mich: Das Auge isst mit.	A ❑	❑
20. Ich fände es schlimmer, taub zu sein als blind.	O ❑	❑
21. Kunstfasern fühlen sich unangenehm auf der Haut an.	H ❑	❑
22. Es ist sehr beruhigend, eine Katze zu streicheln.	H ❑	❑
23. Bei manchen Menschen fühle ich mich sofort ganz angespannt.	I ❑	❑
24. Blind zu sein wäre für mich schlimmer als taub oder gelähmt.	A ❑	❑
25. Ich spiele ein Musikinstrument.	O ❑	❑
26. Ich berühre Dinge gern; ich kann sie dann besser verstehen.	H ❑	❑

Auswertung

Mit dem Test auf Seite 53 können Sie herausfinden, welcher Ihrer grobstofflichen Sinne am aktivsten ist. Bei den Übungen zur Aura-Wahrnehmung sollten Sie mit Ihrem aktivsten Sinn beginnen. Wenn Ihr »Leitsinn« den Weg für Sie vorbereitet, werden Sie nicht nur schneller vorankommen, sondern es werden sich auch Ihre anderen Sinne schneller auf die subtilen Wahrnehmungen einstellen können.

Ermittlung des Wahrnehmungstyps

Um Ihren Wahrnehmungstyp zu ermitteln, müssen Sie lediglich zählen, wie viele »A« (Augen-Typ), »H« (Hand-Typ), »O« (Ohr-Typ) und »I« (Intuitions-Typ) Sie angekreuzt haben. In der unten stehenden Auswertungsgrafik füllen Sie jeweils ein Kästchen in der entsprechenden Spalte aus – so können Sie auf einen Blick erkennen, wie sich Ihre Aufmerksamkeit auf die Sinnesqualitäten verteilt. (Die Typen sind unterschiedlich gewichtet; deshalb sind die Kästchen unterschiedlich breit.)

Wahrscheinlich haben Sie in einer Kategorie mehr Punkte als in den anderen. Das zeigt Ihnen, welches Ihre wichtigste Sinnesqualität ist. Beim Intuitions-Typ ist es keines der Sinnesorgane, das im Vordergrund steht, sondern ein Sinn, der eher mit den feinstofflichen Energien in Verbindung steht. Solche Menschen haben auch oft so genannte synästhetische Wahrnehmungen, d. h., Töne sind beispielsweise mit Farben verbunden. Auch wenn Sie in zwei oder mehr Sinnesqualitäten einen hohen Wert (mehr als drei Punkte) erreichen, haben Sie wahrscheinlich bereits Verbindung zu feinstofflichen Energien.

Sie müssen sich natürlich bei den Anleitungen in diesem Kapitel nicht unbedingt an das Testergebnis halten. Folgen Sie auch darin Ihrem Gefühl. Wenn Sie nach dem Test ein Ohr-Typ sind, es Ihnen aber wichtiger erscheint, das Aura-Sehen zu lernen, beginnen Sie einfach mit den Übungen zum Aura-Sehen. Die Erfahrung hat nur gezeigt, dass Sie sich wahrscheinlich etwas leichter tun, wenn Sie Ihren Wahrnehmungstyp berücksichtigen.

A:	__	1	5	10	12	15	18	19	24
H:	__	2	3	6	11	17	21	22	26
O:	__	8	9	14	16	20	25		
I:	__	4	7	13	23				

Notieren Sie hinter jedem Buchstaben die Anzahl der jeweiligen Antworten, und schraffieren Sie die betreffenden Felder, deren Fragen Sie mit »Stimmt« beantwortet haben. Die Ziffern in den Feldern beziehen sich auf die Nummern der Fragen.

Vorbemerkung zu den Übungen

Mit den Übungen, die ich Ihnen zum Aura-Sehen, -Tasten, -Hören und -Fühlen anbiete, können Sie gezielt daran arbeiten, Ihre Fähigkeit, feinstoffliche Energien wahrzunehmen, zu erhöhen. Vergessen Sie aber bitte nicht, dass es sich dabei um spirituelle Übungen handelt.
Die Übungen wirken möglicherweise beim Lesen etwas mechanisch. Das täuscht. In den Übungen wird Schritt für Schritt vorgegangen. Das ermöglicht es Ihnen, sehr schnell voranzukommen. Traditionelle spirituelle Wege setzen bei dem Schüler sehr viel voraus: überdurchschnittliche Fähigkeiten, den Willen, sein Leben ganz und gar dem spirituellen Weg zu weihen, ein asketisches Leben, stundenlanges intensives Üben und absoluten Gehorsam gegenüber einem Meister. Während die traditionellen Formen große Vorzüge haben, sind sie doch nur sehr wenigen zugänglich. Unsere Zeit hat aber spirituelle Impulse nötiger denn je und kann es sich nicht mehr leisten, das enorme Potenzial, das in allen Menschen schlummert, zu vernachlässigen. Daher ist es sinnvoll, das, was traditionellerweise ganz langsam und genau auf den Schüler abgestimmt vermittelt wurde, so zu verdichten, dass es auch für die Menschen unserer Zeit, die von der westlichen Kultur geprägt sind, erfahrbar ist.

Die traditionellen, in Asien üblichen Wege, an der Aura-Wahrnehmung zu arbeiten, haben viele Vorzüge – aber sie sind nicht immer für den westlichen Menschen geeignet.

Geduld auf einem weiten Weg

Dies bedeutet jedoch nicht, dass sich der spirituelle Weg dem bloß Praktischen unterordnet. Um ein Bild zu verwenden: Der alte Dschungelpfad, der nur von wenigen erfahrenen Bewohnern verfolgt werden konnte, wird verbreitert und mit Hinweisschildern versehen, sodass ihn nun wesentlich mehr Menschen gehen können.
Die höheren Stufen der feinstofflichen Wahrnehmung sind immer auch mit Fortschritten auf dem spirituellen Weg verbunden. Die vertiefenden Übungen setzen ein gewisses Maß an spiritueller Entwicklung voraus. Sie gehen davon aus, dass Sie bereits in der Lage sind, die Aura wahrzunehmen. Und selbst wenn das der Fall ist, stellen diese Übungen eine Herausforderung dar. Es ist jedoch nicht so, dass nur »Auserwählte« in der Lage wären, sie zu meistern. Ausdauer und der Wunsch, sich spirituell weiterzuentwickeln, sind entscheidend. Denken Sie daran, dass Schüler von Yogis meist Jahre benötigen, bis sie in diese Stufe eingewiesen werden!

Die Übungen sind stets in drei Abschnitte gegliedert:

- Vorübungen: Diese Übungen bereiten die feinstofflichen Wahrnehmungen vor, indem sie zunächst einmal die grobstoffliche Wahrnehmung verfeinern.
- Grundübungen: In diesen Übungen werden Sie lernen, die Aura tatsächlich mit Ihren eigenen Sinnen wahrzunehmen.
- Vertiefende Übungen: Diese Techniken helfen Ihnen, Ihre Wahrnehmungen so zu verfeinern, dass Sie in der Lage sind, alle Einzelheiten der Aura wahrzunehmen; darüber hinaus führen die Techniken Sie an die wirkliche, feinstoffliche Wahrnehmung heran, die keiner äußeren Sinne mehr bedarf.

Bei schweren Formen der Migräne berichten die Patienten ebenfalls von Lichterscheinungen im Sehfeld, die in der Fachsprache sogar Auras genannt werden. Eine solche »Aura« hat mit einer echten Aura allerdings nur den Namen gemeinsam.

Die Aura sehen

Das Sehen ist bei den meisten Menschen der wichtigste Sinn. Es heißt auch, dass das Auge der Spiegel der Seele sei: Das weist nicht nur darauf hin, dass wir durch die Augen unserer Mitmenschen einen gewissen Einblick in ihr Innerstes erhalten, sondern auch, dass das Sehen eine starke Verbindung zu den lichten Kräften hat. Die tiefste spirituelle Erfahrung heißt auch Erleuchtung – was ebenfalls darauf hinweist, wie wichtig das Sehen für uns ist.

Erfahrungen

Es gibt nicht wenige Menschen, die spontan, ohne etwas über die feinstofflichen Kräfte oder die Aura zu wissen, manchmal einen Lichtschimmer um Lebewesen oder sogar um Gegenstände herum sehen. Es kommt ebenfalls vor, dass solche Menschen glauben, an Sehstörungen zu leiden und einen Augenarzt aufsuchen. Sicherlich ist es nicht verkehrt, einen Arzt hinzuzuziehen, wenn man plötzlich unerklärliche optische Wahrnehmungen hat; es gibt einige Augenkrankheiten, die zu der Wahrnehmung von Lichthöfen führen. Es existiert jedoch eine ganz einfache Möglichkeit, selbst den Unterschied zwischen einer Sehstörung und der Aura-Wahrnehmung festzustellen: Wenn der betreffende Lichthof um lebende Wesen deutlich stärker ist, handelt es sich mit größter Wahrscheinlichkeit um echtes Aura-Sehen.

Kinder sehen die Welt mit anderen Augen

Wenn man ernst nimmt, was Kinder erzählen, kann man erfahren, dass die Wahrnehmung der Aura eine ganz natürliche Fähigkeit ist. Kinder sehen sehr oft eine Aura. Sie sprechen meist nur deshalb nicht darüber, weil es für sie ganz normal ist – oder wenn sie es tun, werden sie von den Erwachsenen nicht ernst genommen. Mitunter werden sie dann sogar ausgelacht; noch öfter aber wird ihnen »vernünftig« erklärt, dass sie einer Sinnestäuschung unterliegen. So lernen sie im Laufe der Zeit, subtile Wahrnehmungen so weit zu verdrängen, bis sie ihnen schließlich tatsächlich nicht mehr bewusst sind.
Die Fähigkeit, die viele Kinder noch haben, geht aber nie ganz verloren. Sie schläft nur. Auch Erwachsene sehen die Aura oft, ohne sie zu sehen: Das scheint paradox, stimmt aber tatsächlich. So sehen viele Menschen beispielsweise Gutes oder Böses im Gesicht eines Menschen – wenn man sie dann aber fragt, was das denn genau ist, was sie sehen, welche anatomischen Merkmale denn das Gute oder Böse ausmachen, können sie es nicht benennen. Kein Wunder, denn in Wirklichkeit ist es die Aura, die sie unbewusst wahrnehmen.
In Träumen, in denen die Bande zwischen feinstofflichem und grobstofflichem Leib lockerer sind, machen wir häufiger Erfahrungen, die mit dem Aura-Sehen zusammenhängen. Es kommt gar nicht so selten vor, dass Menschen regelmäßig im Traum die Aura anderer Menschen sehen. Und auch wenn wir nicht träumen, sondern uns im Wachzustand Menschen vorstellen, können wir manchmal die Aura sehen, die wir im Alltag nicht wahrnehmen.

Kinder sind meist noch in der Lage, die Aura spontan wahrzunehmen. Erwachsene verlieren diese Fähigkeit nach und nach – lediglich in unseren Träumen können wir die Aura manchmal noch wahrnehmen.

Vorübungen

Die folgenden Vorübungen dienen dazu, die Augen an neue Sichtweisen zu gewöhnen. Als »Vorübung zur Vorübung« wollen wir unsere Augen erst einmal entspannen und mit etwas mehr Energie aufladen (Abbildung siehe Seite 58).
Das ist ganz einfach. Reiben Sie Ihre Hände kräftig aneinander, bis die Handflächen heiß werden. Schließen Sie dann die Augen und legen Sie die Handflächen auf die geschlossenen Augenlider. Spüren Sie, wie die angenehme Wärme Ihre Augen entspannt und mit Energie versorgt. Halten Sie diese Position einige Sekunden lang und wiederholen Sie die Übung

Um das feinstoffliche Sehen zu erlernen, sollten wir zunächst unsere grobstofflichen Sinne schulen. Dabei hilft es, die Augen hin und wieder mit Energie aufzuladen (siehe Übung Seite 57).

anschließend dreimal. Wenn Sie sich nun umsehen, werden Sie feststellen, dass alle Farben leuchtender und intensiver erscheinen – und dass Sie klarer sehen.

Vorübung 1: Fokussieren und Defokussieren

Wir sind es gewohnt, die Welt scharf zu sehen. In vielen Fällen ist die Fähigkeit, unsere Augen genau auf eine bestimmte Distanz einzustellen (zu fokussieren), auch sehr wichtig – beispielsweise beim Lesen. Doch das Scharfsehen wird mittlerweile als Wert an sich betrachtet: Gut sehen bedeutet scharf sehen. Schon im grobstofflichen Bereich stimmt das jedoch nicht immer. So sind wir beispielsweise durch das periphere Sehen (d. h. das Sehen am Rande des Gesichtsfeldes) viel besser in der Lage, schnelle Bewegungen wahrzunehmen. Sie können das leicht mithilfe eines Fernsehgerätes an sich selbst ausprobieren: Wenn Sie direkt in den Fernseher blicken, sehen Sie ein flimmerfreies Bild – wenn Sie dagegen knapp daneben sehen, erkennen Sie das Flimmern des Bildes, da das Fernsehbild 25-mal pro Sekunde neu aufgebaut wird.

Mit bloßen Augenübungen lernen wir nicht, die Aura zu sehen – aber wir machen es uns leichter.

Für die subtile Wahrnehmung wirkt sich das Fokussieren negativ aus: Wir stellen unsere Augen ganz auf die grobstoffliche Ebene ein. Das Fokussieren macht das Aura-Sehen nahezu unmöglich. In dieser Übung geht es daher darum, das bewusste Defokussieren zu üben.

Sie sehen in der linken Abbildung unten beim normalen Sehen einen roten Kreis, in dessen Mitte ein weißer Kreis ist – und rechts daneben einen kleinen roten Kreis, der dieselbe Größe wie der weiße hat. Blicken Sie nun auf den schwarzen Punkt in der Mitte und entspannen Sie Ihre Augen. Nach einer Weile werden Sie ein Doppelbild sehen, und der schwarze Punkt erscheint plötzlich in der Mitte des weißen Kreises. Versuchen Sie nun, den schwarzen Punkt noch weiter nach links wandern zu lassen – so lange, bis der rechte rote Kreis den linken weißen Kreis bedeckt oder zumindest schneidet.

Die Vorstellung, dass Schielen schlecht für die Augen ist, ist bloßer Aberglaube!

Ist Ihnen das gelungen, fokussieren Sie wieder, indem Sie den schwarzen Punkt erneut scharf sehen. Wechseln Sie nun wieder zur defokussierten Sehweise. Üben Sie den Übergang vom fokussierten zum defokussierten Sehen so lange, bis Ihnen der Wechsel mühelos gelingt.

Vielleicht haben Sie Befürchtungen, dass diese Übung Ihren Augen schaden könnte und dass ein Schielen hängen bleibt. Keine Sorge: Das Gegenteil ist der Fall. Mit der Übung trainieren Sie auch Ihre Augenmuskulatur. Wenn Sie unter Kurzsichtigkeit leiden, werden Sie möglicherweise sogar feststellen, dass Ihre Sehschärfe zunimmt!

Vorübung 2: Einem Pendel mit den Augen folgen

Die folgende Übung dient dazu, die visuelle Aufmerksamkeit zu erhöhen. Gleichzeitig ist sie ein Training für die Augenmuskulatur – was zwar für das Aura-Sehen nicht direkt nötig ist, aber indirekt: Mit der Übung verbessern Sie die Kontrolle über Ihre Augen. Das bedeutet, dass Sie leichter in der Lage sind, Ihre Augen zu entspannen. Und das ist wiederum wichtig für das Sehen der Aura.

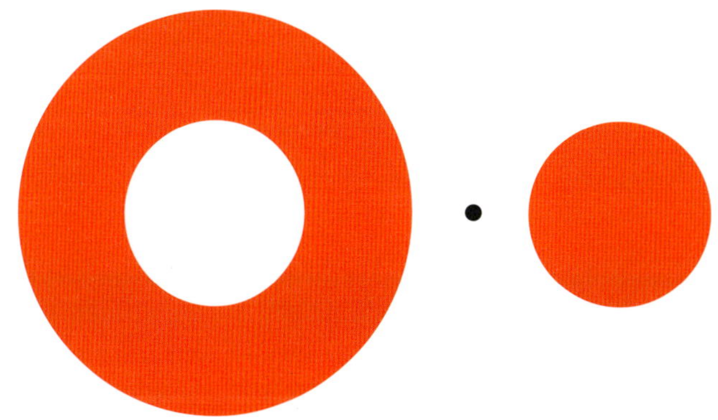

Bewusstes Defokussieren entlastet die Augen und schärft sie für die periphere Wahrnehmung – eine unabdingbare Voraussetzung für das Sehen der Aura.

Mit der Pendelübung (siehe Seite 59f.) lernen Sie, die Bewegung Ihrer Augen zu kontrollieren.

Für die Übung benötigen Sie ein Pendel. Das kann eine Halskette sein, ein Faden, an dem Sie einen Schlüssel oder einen ähnlichen Gegenstand befestigen, ein Metronom – es geht nur darum, dass Sie mit den Augen einer gleichmäßigen Schwingung folgen.

Lassen Sie das Pendel nun schwingen und versuchen Sie, es im Zentrum Ihres Gesichtsfeldes zu halten. Wenn Sie das eine Weile geübt haben, können Sie die Übung etwas schwieriger gestalten: Verfolgen Sie das Pendel mit der Peripherie Ihres Gesichtsfeldes. Das bedeutet, dass Sie knapp neben das Pendel blicken – und zwar auch während es schwingt. Das ist nicht leicht, aber eine hervorragende Vorübung für das Aura-Sehen. Entspannender wird die Übung, wenn Sie sie mit einem Partner durchführen, der das Pendel für Sie schwingt.

Vorübung 3: Eine brennende Kerze betrachten

Das Flackern einer Kerze zu beobachten kann einen angenehmen leichten Trancezustand herbeiführen und es beruhigt die Gedanken. Der Blick auf eine Kerze ist eine schöne Meditationsübung. Die Kerzenflamme zieht die Aufmerksamkeit wie von selbst auf sich und macht es leicht, sich von unruhigen Gedanken und Gefühlen zu lösen. Als Vorübung für das Aura-Sehen ist das Beobachten einer Kerzenflamme eine ideale Einstimmung. Die Flamme einer Kerze ähnelt einer Aura verblüffend – Sie können sogar mehrere Schichten wahrnehmen.

Vertiefen Sie sich in die Flamme. Konzentrieren Sie sich auf die unterschiedlichen Schichten. Fokussieren und defokussieren Sie. Sehen Sie die Flamme als Ganzes und in ihren einzelnen Teilen. Lassen Sie Ihren Geist ruhig werden und erfassen Sie die Aura der brennenden Kerze mit Ihrem ganzen Bewusstsein.

Grundübungen

Vielleicht ist es Ihnen nach den Vorübungen bereits möglich, spontan die Aura anderer Lebewesen zu sehen. Aber auch, wenn dies nicht der Fall sein sollte: Mit den folgenden Grundübungen wird es Ihnen sicherlich gelingen, wenn Sie geduldig bei der Sache bleiben und nicht zu früh aufgeben. Ich wiederhole es noch einmal: Jeder Mensch ist in der Lage, die Aura zu sehen.

Grundübung 1: Die Aura visualisieren

Die folgende Übung beginnt damit, dass Sie sich die Aura im wahrsten Sinne des Wortes ein-bilden – Sie machen sich in Ihrer Vorstellung ein Bild von der Aura. Auf diese Weise prägen Sie das Bild auch Ihrem rationalen Bewusstsein ein – Ihr spirituelles Bewusstsein weiß bereits, dass Sie die Aura wahrnehmen können. Das innere Bild, das Sie entstehen lassen, signalisiert Ihrem rationalen Bewusstsein, dass es möglich ist, die Aura zu sehen – und oft werden Sie die Aura danach tatsächlich sehen.

Schon nach den ersten einfachen Übungen gelingt es den meisten Menschen, die erste Schicht der Aura zu sehen – ein wunderbares Erfolgserlebnis!

- Entspannen Sie sich in einer Ihnen bequemen Haltung und schließen Sie die Augen.
- Visualisieren Sie einen Menschen, den Sie gut kennen.
- Stellen Sie sich vor, wie dieser Mensch von einer deutlich sichtbaren Aura umgeben ist.
- Lassen Sie zu, dass sich dieses Bild verändert. Lassen Sie sich von Ihrer spirituellen Intelligenz leiten, ohne dass Sie eingreifen.
- Wenn sich das Bild nicht mehr verändert, betrachten Sie es eingehend und machen Sie sich mit dieser Wahrnehmung vertraut.
- Beenden Sie die Übung und beobachten Sie, ob sich in Ihrer Wahrnehmung von Menschen etwas verändert hat. Vielleicht können Sie nun bereits die Aura um Menschen herum erkennen.

Es ist natürlich nicht unbedingt zu erwarten, dass Sie plötzlich eine strahlende Aura mit verschiedenen Schichten sehen können, nachdem Sie die Übung einmal ausgeführt haben. (Obwohl dies durchaus auch der Fall sein kann!) Machen Sie die Übung immer wieder und gewöhnen Sie Ihr Bewusstsein daran, die Aura als Realität zu akzeptieren.

Grundübung 2: Die Aura einer Pflanze sehen

In der folgenden Übung versuchen Sie, die Aura um ein Lebewesen herum zu erkennen. Es ist am besten, dabei mit einer Pflanze zu beginnen – selbst ein guter Freund wird wahrscheinlich kaum die Geduld aufbringen, von Ihnen als Übungsobjekt eingesetzt zu werden. Am vorteilhaftesten ist es, wenn Sie eine Zimmerpflanze nehmen, mit der Sie gut vertraut sind und die völlig gesund ist.

- Platzieren Sie die Pflanze so, dass Sie sie in einer entspannten Haltung betrachten können. Der Abstand sollte etwa zwischen einem und drei Meter betragen.

- Machen Sie sich bewusst, dass die Pflanze ein Lebewesen ist und nicht nur ein Objekt.
- Sehen Sie die Pflanze an. Sie haben in den Vorübungen gelernt, zu fokussieren und zu defokussieren. Tun Sie das auch jetzt.
- Beobachten Sie entspannt, ob Sie einen Schimmer um die Blätter herum wahrnehmen. Versuchen Sie weder, diese Wahrnehmung zu erzwingen, wenn Sie nichts sehen, noch sie »nachzuprüfen«, indem Sie genau hinsehen (fokussieren), wenn Sie tatsächlich meinen, die Aura zu sehen.
- Wenn Sie eine Aura-Wahrnehmung haben, bleiben Sie eine Weile dabei und wecken Sie das Gefühl der Dankbarkeit und Freude.
- Schließen Sie die Übung ab, indem Sie sich mit geschlossenen Augen noch eine Weile entspannen und der Übung nachspüren.

Üben Sie möglichst täglich 10 bis 30 Minuten lang. Bleiben Sie geduldig, wenn Sie bei den ersten Versuchen noch nichts erkennen!

Bei der Spiegelübung versuchen Sie zum ersten Mal, Ihre eigene Aura wahrzunehmen. Sie werden überrascht sein!

Grundübung 3: Spiegelübung

Die folgende Übung setzt voraus, dass Sie Erfahrungen mit den ersten beiden Grundübungen (siehe Seite 61 f.) gesammelt und bereits zumindest einen Ansatz von Aura-Sehen entwickelt haben. Die Spiegelübung ist besonders spannend, denn Sie betrachten in dieser Übung Ihre eigene Aura.

- Stellen oder setzen Sie sich entspannt vor einen großen Spiegel, der es Ihnen ermöglicht, im Abstand von einem Meter zumindest noch Ihren Oberkörper zu sehen.
- Schließen Sie kurz die Augen und befreien Sie sich so weit wie möglich von Sorgen und Alltagsgedanken.
- Sehen Sie sich im Spiegel an. Enthalten Sie sich jeglicher Bewertungen. Beobachten Sie einfach.
- Defokussieren Sie, wie Sie es gelernt haben. Nachdem Sie Erfahrung mit der Pflanzenaura gewonnen haben, sollte es Ihnen nun gelingen, Ihre eigene Aura wahrzunehmen.
- Lassen Sie das Gefühl des Staunens zu, wenn Sie Ihre Aura wahrnehmen, und genießen Sie es.
- Lassen Sie sich nach der Übung eine Weile Zeit, die neue Wahrnehmung zu verarbeiten. Legen Sie sich entspannt hin und spüren Sie der Übung nach.

Falls es Ihnen nicht auf Anhieb gelingt, Ihre eigene Aura zu sehen, obwohl es Ihnen bei der Pflanzenübung möglich war, bewahren Sie Geduld. Es ist nicht selten, dass das Selbstbild mit vielen Vorurteilen und Bewertungen befrachtet ist, welche die Wahrnehmung zunächst blockieren. Wenn Sie diese Übung regelmäßig durchführen, wird Ihnen schon bald der Durchbruch gelingen.

Es kann aber auch ganz anders kommen: Bei der Pflanzenübung gab es zwar eine Aura-Wahrnehmung, die jedoch vermutlich sehr schwach war – bei der Spiegelübung ist dagegen manchmal sofort oder nach kurzer Zeit eine strahlende Aura sichtbar, möglicherweise sogar schon mit mehreren Schichten. Möglicherweise erschreckt Sie das, was allerdings nicht nötig ist: Betrachten Sie Ihre Aura und genießen Sie es!

Wenn Ihnen auch die Spiegelübung gelungen ist, üben Sie täglich weiter: Versuchen Sie, die Aura in der Natur, bei Pflanzen und Tieren, bei Freunden und bei fremden Menschen wahrzunehmen. Versuchen Sie dabei nie, etwas zu erzwingen, sondern bleiben Sie mit Freude dabei und seien Sie stolz auf Ihre erwachte Fähigkeit. Beobachten Sie genau – und Sie werden sicherlich einige interessante Erkenntnisse haben!

Sobald Sie die Aura ansatzweise wahrnehmen können, sollten Sie sich angewöhnen, Ihre neue Fähigkeit im Alltag immer wieder zu üben. Mit der Zeit wird es für Sie zur Selbstverständlichkeit werden.

Vertiefende Übungen

Sie sind nun bereits in der Lage, die Aura zu sehen. Vielleicht haben Sie schon unterschiedliche Schichten des feinstofflichen Leibes wahrnehmen können. In den folgenden Übungen geht es darum, die Aura in all ihren Einzelheiten wahrzunehmen. Sobald Sie die Aura sehen können, kommt es auf Übung, Geduld und die spirituelle Entwicklung an, wie sehr Sie Ihre Wahrnehmung verfeinern.

Vertiefende Übung 1: Aura-Schichten

Mit der folgenden Übung gelingt es Ihnen schneller, auf eine höhere Stufe der Wahrnehmung zu kommen. Sie machen dabei Gebrauch von der Verbindung der Chakras zur Aura.

Am besten beginnen Sie wieder, mit einer Pflanze zu üben. Dabei können Sie lernen, die ersten beiden Ebenen der Aura, Annamaya Kosha und Pranamaya Kosha, den Nahrungs-, bzw. Vitalkörper, voneinander zu unterscheiden. Wenn Ihnen dies gelingt, werden Sie kaum Schwierigkeiten haben, auch die dritte Ebene, Manomaya Kosha, den Geistkörper, wahrzunehmen.

- Setzen Sie sich entspannt hin und versuchen Sie, sich von Sorgen und Alltagsgedanken zu befreien. Stimmen Sie sich auf die feinstoffliche Ebene ein.
- Legen Sie beide Hände über das Muladhara-Chakra (Wurzelchakra), das sich etwa auf gleicher Höhe mit dem Schambein befindet. Spüren Sie der Energie nach.
- Richten Sie dann Ihren Blick auf die Aura. Die Wahrnehmung unterscheidet sich nun wahrscheinlich ein wenig von der, die Sie bereits gewohnt sind. Die Aura scheint möglicherweise weniger ausgedehnt, dafür jedoch intensiver. Durch die Verbindung mit dem Muladhara-Chakra können Sie nun die erste Aura-Ebene, Annamaya Kosha, deutlicher sehen.
- Führen Sie nun Ihre Hände ein Stück weiter nach oben, über das zweite Chakra, das Svadhistana- oder Sakralchakra, und stimmen sich auf dessen Energie ein.
- Die Aura-Wahrnehmung dürfte sich nun wiederum leicht verändern. Wahrscheinlich können Sie nun auch die zweite Aura-Ebene verstärkt sehen.
- Wechseln Sie zwischen den beiden Handpositionen langsam hin und her und beobachten Sie, wie sich dabei Ihre Wahrnehmung der Aura verändert.
- Wenn Sie den Wechsel deutlich bemerken, können Sie ausprobieren, ob Sie allein durch Konzentration eine Aura-Ebene deutlicher wahrnehmen als die andere oder ob Sie in der Lage sind, beide Schichten gleichzeitig zu sehen.

Die fortgeschrittenen Übungen sind nicht immer einfach – aber Sie sollten nicht vorzeitig aufgeben!

Wenn Sie zwei Aura-Ebenen sehen können, spricht nichts dagegen auszuprobieren, ob Sie auch (bei Menschen) die dritte Ebene, Manomaya Kosha, erkennen können. Gehen Sie dabei so vor wie oben beschrieben und beziehen Sie auch das Manipura-Chakra (Nabelchakra) mit ein.

Vertiefende Übung 2: Farben und Formen

Wenn Sie die vorige Übung erfolgreich durchgeführt haben, ist Ihnen dabei mit großer Wahrscheinlichkeit aufgefallen, dass die verschiedenen Schichten in unterschiedlichen Farben strahlen. Die erste Aura-Ebene wird in der Regel rötlich wahrgenommen, die zweite orangefarben und die dritte gelblich. Diese Farbunterschiede sind jedoch meist nicht sehr stark, sodass es schon etwas Konzentration erfordert, um die Unterschiede überhaupt zu registrieren.

Sie gehen bei dieser Übung wie bei der letzten Übung vor, konzentrieren sich jetzt allerdings ganz auf die Wahrnehmung der Farben. Machen Sie sich vorerst keine Gedanken, wenn Sie nicht die Farben Rot, Orange und Gelb sehen – zum einen gibt es Abweichungen (von der Bedeutung der Abweichungen wird im Kapitel »Die Aura verstehen«, siehe Seite 97ff., noch einmal die Rede sein), und zum anderen wird Ihre Wahrnehmung auch durch Ihre eigene Aura gefiltert, sodass es zu anderen Farberscheinungen kommen kann.

Außer den Farben können Sie möglicherweise auch Ausbuchtungen, besonders intensiv strahlende Stellen oder Löcher in der Aura sehen. Von diesen Phänomenen soll ebenfalls im nächsten Kapitel ausführlich gesprochen werden – bei diesen vertiefenden Übungen steht zunächst einmal die Schulung der subtilen Wahrnehmung im Vordergrund.

Wenn Sie mit einem befreundeten Menschen üben, sollten Sie einmal auf die Stellen des Körpers achten, an denen sich die Chakras öffnen. Wahrscheinlich werden Sie feststellen, dass die Aura an diesen Stellen besonders intensiv oder leuchtend strahlt. Vielleicht nehmen Sie sogar den Wirbel der Energien wahr. Bleiben Sie offen für jegliche Wahrnehmung – und beginnen Sie jetzt noch nicht damit, Ihre Wahrnehmungen zu interpretieren oder zu bewerten.

Wenn Sie üben, die Aura wahrzunehmen, sollten Sie sich nicht sofort zu Interpretationen hinreißen lassen. Beobachten und fühlen Sie zunächst.

Vertiefende Übung 3: Subtiles Sehen

Diese letzte Übung zum Aura-Sehen ist die höchste Stufe – sie überschreitet das eigentliche Sehen. Auf dieser Stufe werden Sie erkennen, dass Sie die Aura tatsächlich nicht mit Ihren stofflichen Augen sehen, sondern dass es ein tieferer Sinn ist, mit dem Sie die Aura wahrnehmen.

Am besten beginnen Sie damit, die Übung vor einem Spiegel auszuführen, was Ihnen ja bereits von Grundübung 3 her vertraut ist (siehe Seite 62f.). Später können Sie Ihre Fähigkeiten jedoch auch bei Freunden, Pflanzen, Haustieren oder Begegnungen im Alltag erweitern.

- Befreien Sie Ihren Geist so weit wie möglich von Sorgen und unruhigen Gedanken. Stellen Sie sich auf die feinstoffliche Wahrnehmung ein. Betrachten Sie eine Aura – entweder Ihre eigene im Spiegel oder die einer Pflanze.
- Schließen Sie die Augen, nachdem Sie einen Eindruck von der Aura, ihrer Färbung und ihrer Struktur gewonnen haben.
- Sehen Sie die Aura auch mit geschlossenen Augen noch vor sich? Hat sich im Vergleich zum Sehen mit offenen Augen etwas verändert?

- Registrieren Sie Ihre Wahrnehmungen, ohne darüber nachzudenken oder sie zu interpretieren.
- Öffnen Sie die Augen nach einiger Zeit wieder. Sehen Sie die Aura nun verändert?
- Wechseln Sie einige Male zwischen der Wahrnehmung der Aura mit geschlossenen und mit offenen Augen und registrieren Sie Ihre möglicherweise unterschiedlichen Wahrnehmungen.

Wenn der Fluss der Energie im Körper frei und nicht blockiert ist, werden Sie die Aura mit offenen und geschlossenen Augen nahezu gleich sehen können. Bei geschlossenen Augen strahlt die Aura meist noch etwas stärker als bei offenen Augen.
Es geht in dieser Übung allerdings nicht darum, sich die Aura mit offenen Augen einzuprägen und sich das innere Bild anschließend mit geschlossenen Augen vorzustellen. Sie werden mit dieser Übung vielmehr allmählich lernen, dass Sie die Aura im Grunde nie mit Ihren grobstofflichen, sondern immer mit Ihren inneren Augen sehen.
Den Unterschied zwischen einem Erinnerungsbild und einem Bild, das durch feinstoffliches Sehen im Geist entsteht, ist leicht festzustellen, wenn man weiß, worauf man achten muss. Bei einem Erinnerungsbild sehen Sie mit geschlossenen Augen alles ungefähr so wie vorher mit offenen Augen. Beim feinstofflichen inneren Sehen sehen Sie nur die Aura-Ausstrahlung – alles andere bleibt schattenhaft. Üben Sie das Sehen mit geschlossenen Augen – es ist eine hervorragende spirituelle Übung, die Ihre seelische Entwicklung fördert.

Die Übungen zur subtilen Wahrnehmung, d. h. beispielsweise das Sehen der Aura mit geschlossenen Augen, sind gleichzeitig Übungen, die die Spiritualität fördern.

Die Aura tasten

Mit den Händen fassen wir Dinge an, um sie zu verstehen – wir be-greifen sie im wahrsten Sinne des Wortes, und zwar oft schneller als mit unserem Verstand. Heiler setzen fast immer ihre Hände zum Heilen ein. In den Linien der Hand, heißt es, zeigt sich das Leben. Wenn wir wirklich feinfühlig sind, können wir die Aura mit den Händen sofort spüren. Die meisten Menschen können das sogar ohne Vorbereitung. Sie fühlen ein Energiefeld, auch wenn sie sich nicht bewusst sind, dass es die Aura ist, die sie fühlen. Im Gegensatz zu den Augen lassen sich unsere Hände nicht so leicht täuschen.

Heilige Hände

In der indischen Mythologie symbolisieren die Hände die »Heilige Handlung«. Einige Shiva-Abbildungen zeigen die indische Gottheit mit strahlenden Handflächen. Auch im indischen Tempeltanz – Bharata Natya – werden bestimmte Handgesten eingesetzt, um Gefühle wie Trauer, Abscheu, aber auch Liebe und inneren Frieden darzustellen.

Buddhistische Ikonen zeigen den Avalokiteshvara, einen tausendarmigen Bodhisattva (»erleuchtetes Wesen«), der in jeder seiner tausend Handflächen ein Auge trägt. Der Avalokiteshvara repräsentiert die von Verständnis und Erkenntnis (symbolisiert durch das Auge) geprägte Handlung (symbolisiert durch die Hand).

Erfahrungen

Haben Sie schon einmal in unmittelbarer Nähe eines Menschen ein körperliches Gefühl, z. B. ein unangenehmes Kribbeln oder Brennen, wahrgenommen oder haben Sie sich gleichsam abgestoßen gefühlt? Vielleicht kommt Ihnen aber auch eher das Gegenteil bekannt vor: In der Nähe eines bestimmten Menschen fühlen Sie sich von ihm wie von einem Magneten angezogen – das Kribbeln oder andere Körperwahrnehmungen sind eher angenehm. Den meisten Menschen ist beides vertraut. All diese Wahrnehmungen haben mit der Aura zu tun. Manchmal ist da noch mehr, wenn man einen anderen Menschen berührt: Beim Händeschütteln oder bei anderen Berührungen tauchen plötzlich Bilder, Gefühle, Gedanken oder andere Wahrnehmungen auf.

Der körperliche Kontakt zu anderen Menschen ist ein Grundbedürfnis, ohne dessen Erfüllung wir verkümmern würden.

Unsere Hände sind sehr sensibel. Eine Besonderheit der Tastwahrnehmung liegt darin, dass bei der Wahrnehmung über die Hände immer auch Energie in beide Richtungen fließt. Daher wird bei jeder Art von Berührung (sogar bei Beinahe-Berührungen, sofern diese den Kontakt zwischen den Auras ermöglichen) die eigene Aura beeinflusst; aber auch das, was man mit den Händen berührt, geht immer mit Energieaustausch einher. In der Regel schadet das nicht oder ist im Gegenteil sogar erwünscht, etwa bei der Aura-Heilung. Beim ersten Üben, vor allem aber beim Üben mit Menschen, ist es jedoch sinnvoll, seine Aura zu schützen. Dazu gibt es einige einfache Aura-Schutzübungen, die Sie ausführen sollten, bevor Sie mit den fortgeschrittenen Übungen zum Aura-Tasten beginnen (siehe Seite 74f.).

Vorübungen

Bei den folgenden Übungen werden Sie zunächst einmal lernen, Ihr Hand-Bewusstsein zu verbessern, d. h. Ihr Bewusstsein für all das zu schärfen, was Sie mit den Händen wahrnehmen. Laden Sie, bevor Sie mit den Übungen beginnen, Ihre Hände mit Energie auf, indem Sie sie kräftig aneinander reiben, bis sie ganz warm sind (siehe Abbildung unten).

Wenn wir bewusst auf Berührungen achten, werden wir überraschend viel wahrnehmen können.

Vorübung 1: Das Hand-Bewusstsein schärfen
In der Regel schenken wir den Wahrnehmungen unserer Hände zu wenig Aufmerksamkeit. Es gibt jedoch viele Gelegenheiten, uns unserer Hände bewusster zu werden.

- Machen Sie sich bewusst, wie viele Dinge Sie täglich mit den Händen berühren. Richten Sie Ihre Aufmerksamkeit und Achtsamkeit im Alltag auf all diese Berührungen.
- Künstlerische Tätigkeiten wie beispielsweise Töpfern oder Modellieren, aber auch Tätigkeiten im Garten und der liebevolle Umgang mit Pflanzen verbinden die Hände mit dem Element Erde.
- Durch Yoga, Meditation und Pranayama wird die Strahlkraft und Sensibilität der Hände ganz von selbst verstärkt – neben vielen anderen positiven Wirkungen auf Körper und Seele.

Indem Sie die Hände aneinanderreiben und damit Wärme erzeugen, regen Sie auch den Energiefluss an und machen Ihre Hände sensibel für Wahrnehmungen.

- Lernen Sie ein Instrument. Klavier-, Flöten- oder Gitarrenspielen erfordert großes Fingergeschick; je beweglicher die Finger sind, desto leichter kann die Energie durch die Hände fließen.
- Beschäftigen Sie sich mit Massagetechniken. Klassische Massagen, Shiatsu und natürlich auch eine Chakra-Energiemassage (siehe *Chakra-Praxisbuch*, Seite 176) sind gute Möglichkeiten, um ein Gefühl für die Tastwahrnehmung zu entwickeln.

Unser Gehirn besteht aus zwei Hälften, von denen jede ihre ganz eigenen Qualitäten und Fähigkeiten besitzt.

Vorübung 2: Rechts und links

Mit der folgenden Übung können Sie nicht nur Ihr Hand-Bewusstsein schärfen, sie ist gleichzeitig auch ein interessantes Experiment. Die Wahrnehmung unserer Hände wird in den jeweils entgegengesetzten Gehirnhälften verarbeitet. Die Tastsignale der rechten Hand werden an die linke Gehirnhälfte weitergeleitet, die der linken Hand gelangen in die rechte Gehirnhälfte. Die beiden Teile unseres Gehirn haben allerdings unterschiedliche Aufgaben: Die rechte Gehirnhälfte arbeitet eher intuitiv und ist mit Gefühlen assoziiert; in der linken Hemisphäre geht es gewissermaßen geordneter, d. h. logischer zu. Zudem ist die linke Gehirnhälfte für die Sprache zuständig.

Die Übung zur Rechts-Links-Wahrnehmung besteht nun einfach darin, verschiedene Gegenstände zunächst mit der rechten und anschließend mit der linken Hand abzutasten – mit geschlossenen Augen. Achten Sie beim Abtasten auf Unterschiede. Auf welcher Seite erkennen Sie den Gegenstand schneller? Auf welcher Seite können Sie mehr Einzelheiten erkennen? Sind Ihre Gefühle unterschiedliche, je nachdem, ob Sie mit der linken oder rechten Hand tasten? Registrieren Sie die Unterschiede, möglichst ohne sie zu interpretieren.

Vorübung 3: Auf Sinnesqualitäten achten

Unser Tastsinn ist sehr fein. Doch wir sind es in der Regel nicht gewohnt, allzu sehr auf Einzelheiten zu achten. Wenn wir einen Apfel in die Hand nehmen, erkennen wir den ganzen Apfel – wir sind uns meist der einzelnen Tastempfindungen nicht bewusst. Bei der folgenden Übung werden Sie versuchen, dies zu ändern.

Legen Sie sich verschiedene Gegenstände zurecht und streichen Sie über deren Oberflächen. Achten Sie auf die Einzelheiten, die unterschiedlichen Sinnesqualitäten. Es gibt mehr, als Sie vielleicht glauben.

- Struktur: Ist der Gegenstand rau oder eher glatt? Fühlt er sich stumpf an oder sticht oder drückt er? Prickelt es auf der Haut Ihrer Hände, wenn Sie ihn berühren?
- Feuchtigkeit: Ist der Gegenstand feucht oder sogar nass? Fühlt er sich schleimig oder trocken an?
- Härte: Ist der Gegenstand hart oder weich? Strahlt er Stärke oder Schwäche aus, ist er nachgiebig?
- Wärme: Fühlt sich der Gegenstand warm oder heiß an oder ist er kühl, kalt oder gar eisig?
- Bewegung: Vibriert der Gegenstand oder ist er ganz still? Wenn er vibriert: Ist es ein sanftes oder ein pochendes Vibrieren oder eher ein Schwingen?

Nach dieser Übung wird Ihr Tastsinn schon sehr viel empfänglicher für feine Wahrnehmungsunterschiede geworden sein. Nutzen Sie Ihre Erfahrungen im Alltag, um die Achtsamkeit Ihrer Hände weiter zu steigern.

Auch in unseren Händen befinden sich Energiezentren, die insbesondere für Heiler von sehr großer Bedeutung sind.

Grundübungen

Die Handchakras gehören zwar nicht zu den Hauptchakras, doch sie spielen eine große Rolle bei der Heilung und natürlich auch bei der Tastwahrnehmung der Aura. Die Chakras in den Händen sind kleine Bewusstseinszentren, in denen die Energie besonders konzentriert ist. Indem wir uns unserer Handchakras bewusst werden, beginnen wir bereits, heilende Kräfte zu entwickeln. Menschen, welche die Fähigkeit haben, andere zu heilen, haben meist sehr gut entwickelte Handchakras. Im Kapitel »Aura-Heilung« (siehe Seite 139ff.) wird noch genauer auf die Handchakras eingegangen werden. Im Folgenden soll zunächst einmal die Wahrnehmung geschult werden. Um die Aura mit den Händen zu spüren, ist es nötig, das Gefühl für den Energiefluss in den Händen zu aktivieren.

Grundübung 1: Sensibilisierung der Hände

In dieser ersten Übung gehen Sie etwas über die grobstoffliche Tastwahrnehmung hinaus und versuchen, die Energie zu spüren.

- Legen Sie Ihre Hände flach aufeinander.
- Lenken Sie Ihre ganze Konzentration auf die Berührung der beiden Handflächen.

Indem Sie Ihre Hände als letzten Schritt der Übung allmählich voneinander entfernen, können Sie dem Strömen der aktivierten Energie nachspüren.

- Spüren Sie, wie die einzelnen Finger sowie die kleinen und großen Ballen der Hand sich berühren. An einigen Stellen wird der Kontakt deutlicher spürbar sein als an anderen.
- Lassen Sie die Hände nun ganz sanft und langsam kreisen – sie berühren sich dabei immer noch. Üben Sie bei der Bewegung möglichst wenig Druck aus.
- Nehmen Sie die Hände anschließend ganz allmählich und sehr langsam auseinander. Versuchen Sie, die Hände nur so weit voneinander zu entfernen, dass Sie das Strömen der aktivierten Energie noch wahrnehmen können.

Bei allen Übungen ist wichtig, dass Sie sie mit voller Achtsamkeit und nicht rein mechanisch ausführen!

Achten Sie darauf, wo die Grenzen liegen. Wie weit können Sie die Hände auseinander nehmen, ohne den Kontakt zwischen den Handflächen zu verlieren? Beobachten Sie auch, ob dieser Abstand vielleicht nach mehrmaligem Üben ein wenig wächst.

Grundübung 2: Einen Lichtball drehen

Bei der vorigen Übung haben Sie erste Erfahrungen mit dem Aura-Tasten gemacht – denn die Energie, die Sie zwischen Ihren kreisenden Handflächen spüren konnten, war nichts anderes als die Energie Ihrer eigenen Aura. Diese Wahrnehmung des Energieflusses soll nun noch ein wenig intensiver geübt werden.

- Halten Sie Ihre Hände im Abstand von wenigen Zentimetern auseinander; der Abstand sollte so groß sein, dass Sie die Hände schließen und öffnen können. Die Handflächen sind einander zugewandt.
- Stellen Sie sich nun vor, dass Sie einen kleinen Lichtball zwischen den Händen halten.
- Vergrößern Sie den Abstand zwischen den Handflächen, die dabei jedoch immer zueinander zeigen sollten. Visualisieren Sie, wie die Lichtkugel allmählich immer größer wird. Sie können sich auch vorstellen, wie die Kugel in einer bestimmten Farbe zu leuchten beginnt.
- Drehen Sie den Energieball in verschiedene Richtungen.

Den »Lichtball« sollten Sie nicht nur visualisieren, sondern vor allem auch mit den Händen spüren!

Beobachten Sie während der Übung, wie weit Sie die Handflächen voneinander entfernen können, ohne das Gefühl für den Wärme- und Energiestrom zu verlieren. Wenn Sie die Übung eine Zeitlang regelmäßig ausführen, werden Sie den Lichtball und die Strahlkraft Ihrer Handchakras immer deutlicher spüren können.

Diese Übung ist übrigens auch eine wichtige Grundübung um die Energie-Heilung zu meistern und zu lernen, mit seinen Händen – im Grunde natürlich mit Energie (Prana) und der Aura – zu heilen.

Führen Sie sich stets vor Augen, dass Pflanzen Lebewesen sind – nicht nur geduldige Übungspartner. Wenn Sie dies beherzigen, wird es Ihnen leichter fallen, die Aura der Pflanze wahrzunehmen.

Grundübung 3: Die Aura einer Pflanze ertasten
Ihre ersten Erfahrungen mit dem Ertasten der eigenen Aura sollten Sie nun auch bei anderen Lebewesen anwenden. Sie können mit einem Haustier üben; noch besser ist jedoch eine Pflanze. Sie sollten zu diesem Zeitpunkt noch nicht versuchen, die Aura eines anderen Menschen zu ertasten – das erfordert eine vorherige Schutzübung für die Aura.

- Stellen Sie eine Pflanze so vor sich hin, dass Sie Ihre Hände über die Pflanze halten können, ohne die Arme zu strecken.
- Bewegen Sie Ihre Hände an der Pflanze entlang. Achten Sie genau auf Ihre Wahrnehmungen.
- Oft ist es anfangs leichter, wenn Sie die Augen schließen. Meist sind Sie dann eher in der Lage, die subtilen Schwingungen zu spüren.

Pflanzen eignen sich hervorragend dazu, um die Fähigkeit der Aura-Wahrnehmung an einem geduldigen Gegenüber zu schulen.

Vertiefende Übungen

Wenn Sie bereits bei einer Pflanze die Aura ertasten können, wird es Ihnen bei einem Tier und erst recht bei Menschen sicherlich gelingen. Denn die Energien sind einfach stärker – und die menschliche Aura ist zudem weiter ausgedehnt als die einer Pflanze.

Wenn Sie mit einem menschlichen Partner üben, ist es wichtig, dass Sie Ihre Aura vor schädlichen Einflüssen schützen.

Der Grund dafür, warum Sie nicht gleich damit begonnen haben, das Aura-Ertasten bei Menschen zu üben, wurde bereits genannt: Der wechselseitige Energieaustausch kann, solange Sie nicht erfahren im Umgang mit feinstofflichen Energien sind, manchmal Probleme mit sich bringen. Viele Menschen, die mit Massage behandeln, haben schon erfahren, wie sich bei einer Behandlung negative Energien auf sie übertragen haben. Und natürlich ist auch der umgekehrte Weg möglich: Wenn Sie mit unbewältigten Problemen zu tun haben und Ihre Gefühlslage momentan vielleicht eher negativ ist, kann es geschehen, dass Sie Ihren Partner mit negativen Energien überfluten. Die folgende Übung schützt Ihre Aura – und die Aura Ihres Partners – vor möglichen negativen Einflüssen. Sie sollten Sie auf jeden Fall ausführen, bevor Sie mit den Aura-Übungen mit einem menschlichen Partner beginnen.

Bei der Aura-Schutzübung heben Sie die Arme zunächst einige Zentimeter an, bevor Sie sie mit dem Ausatmen absenken und dabei die Handflächen nach unten drehen. Atmen Sie ruhig und gleichmäßig.

Schutzübung für die Aura

Die Übung blockiert den Energiefluss nicht, sie filtert ihn nur, damit nicht versehentlich negative Energien übertragen werden. In dem Kapitel »Aura-Heilung« (siehe Seite 139ff.) werden Sie weitere, intensivere Schutzübungen kennen lernen. Die folgende Übung ist jedoch für Partnerübungen ideal, solange Sie nicht mit schwer körperlich oder seelisch kranken Menschen üben – was sich aus vielerlei Gründen ohnehin verbietet.

- Stellen Sie sich mit leicht gebeugten Knien und geradem Rücken hin.
- Strecken Sie die Arme seitlich aus, sodass die Arme parallel zum Boden sind. Die Handflächen weisen nach oben.
- Atmen Sie ein und heben Sie die Arme einige Zentimeter an. Beim Ausatmen drehen Sie die Handflächen nach unten und senken die Arme mit einer schnellen Bewegung um einige Zentimeter. Beim Einatmen drehen Sie die Hände wieder nach oben und heben die Arme.
- Führen Sie diese Bewegung siebenmal aus.
- Führen Sie die Hände zum Anahata-Chakra (Herzchakra) und lassen Sie sie dort für drei Atemzüge liegen. Konzentrieren Sie sich dabei auf die Kraft der universellen Liebe, die vom Herzchakra aus in Ihren ganzen Körper strömt.
- Wiederholen Sie die gesamte Übung dreimal. Ihre Aura ist nun gegen negative Einflüsse geschützt.

Vertiefende Übung 1: Übung mit Partner

Diese Übung (siehe Abbildung auf Seite 76) sollte Ihnen schon vertraut sein – Sie haben sie bereits mit einer Pflanze ausgeführt. Ihre Erfahrungen dabei werden sich jedoch deutlich unterscheiden: Die Aura eines Menschen ist viel interessanter und vielschichtiger.

Die Aura eines Tieres und die Aura eines Menschen ist viel interessanter und vielschichtiger als die einer Pflanze.

- Ihr Partner liegt auf einer Decke oder einer Liege; Sie knien, sitzen oder stehen neben ihm, sodass Sie Ihre Hände über seinen Körper führen können, ohne sich zu verspannen.
- Bitten Sie Ihren Partner, die Augen zu schließen und sich zu entspannen. Schließen auch Sie die Augen und befreien sich so weit wie möglich von Alltagsgedanken. Lassen Sie Ihren Geist ruhig und still werden. Konzentrieren Sie sich ganz auf Ihren Partner.
- Halten Sie Ihre Hände über die Körpermitte Ihres Partners und senken Sie sie langsam, bis Sie die Energie der Aura spüren.
- Bewegen Sie Ihre Hände aufmerksam über den Körper Ihres Partners. Bleiben Sie innerlich mit ihm in spiritueller Verbindung. Achten Sie genau auf Ihre Wahrnehmungen.

Bitte Sie Ihren Partner, Ihnen nach der Übung seine Empfindungen mitzuteilen, die er während der Übung hatte. In aller Regel wird dieses »Aura-Streicheln« als sehr angenehm empfunden. Versuchen Sie bei dieser Übung nicht, die Energie zu beeinflussen! Dies werden Sie im Kapitel »Aura-Heilung« (siehe Seite 139ff.) lernen.

Wenn Sie versuchen, die Aura Ihres Partners zu erspüren, sollten Sie sich möglichst ganz auf Ihre Wahrnehmungen konzentrieren. Bewerten Sie nicht, beobachten Sie nur.

Vertiefende Übung 2: Einzelheiten wahrnehmen

Bei dieser Übung vertiefen Sie Ihre Erfahrungen mit dem Ertasten der Aura bei einem menschlichen Partner weiter. Die Übung verläuft zunächst einmal ebenso wie die vorangegangene.

Achten Sie ganz genau auf das Gefühl in Ihren Händen, wenn Sie die Aura Ihres Partners berühren.

- Während sich eine Hand über die äußerste Schicht der Aura Ihres Partners bewegt, heben und senken Sie die andere Hand sanft und fließend und versuchen dabei, die verschiedenen Schichten der Aura zu spüren.
- Achten Sie ganz besonders auf »Unebenheiten«: Wahrscheinlich spüren Sie an einigen Stellen der Aura eine andere Temperatur, manche Regionen kommen Ihnen vielleicht rauer oder glatter oder weniger dicht vor, vielleicht nehmen Sie auch Vibrationen wahr. Verweilen Sie an solchen Stellen und nehmen Sie so viele Einzelheiten wie möglich wahr.
- Vermeiden Sie es, Ihre Wahrnehmungen zu interpretieren oder sogar energetisch zu beeinflussen. Geben Sie sich Ihren Wahrnehmungen ganz vorbehaltlos hin.

Bitten Sie auch nach dieser Übung Ihren Partner wieder um Rückmeldungen: Wie hat er die Übung erlebt, was hat er dabei empfunden?

Vertiefende Übung 3: Tasten ohne Hände

Wenn Sie mit den bisherigen Übungen einige Erfahrung haben und es Ihnen sehr leicht fällt, die Aura Ihres Partners in vielen Einzelheiten zu spüren, können Sie einen Schritt weiter gehen und versuchen, sich von der grobstofflichen Wahrnehmung zu befreien. Dazu führen Sie die folgende Übung aus wie die beiden vorangegangenen – mit einem kleinen, aber bedeutenden Unterschied.

- Bewegen Sie Ihre Hände nur noch in der Vorstellung über den Körper Ihres Partners. Können Sie weiterhin seine Aura in all ihren Einzelheiten spüren?
- Überprüfen Sie Ihre Wahrnehmungen, indem Sie zur Probe wieder die Hände einsetzen.
- Wenn Ihnen auch das gut gelingt, können Sie die Übung noch anspruchsvoller gestalten, indem Sie den Abstand zwischen Ihnen und Ihrem Partner Schritt für Schritt vergrößern.

Wenn Ihnen auch die letzte Stufe des Aura-Tastens gelingt, erfüllen Sie alle Voraussetzungen für einen Heiler. Das Kapitel »Aura-Heilung« (siehe Seite 139ff.) wird dann für Sie besonders interessant und wichtig sein.

Die Aura mit den Händen wahrnehmen zu können, ist für Heiler von unschätzbarem Wert. Doch diesen Menschen stehen darüber hinaus noch andere Möglichkeiten zur Aura-Wahrnehmung zur Verfügung.

Die Aura hören

Vom Aura-Hören wird relativ selten berichtet. Nur wenige Menschen sagen spontan, dass sie die Aura hören können. In Wahrheit ist es aber nur so, dass sich die wenigsten Menschen bewusst sind, dass sie Aura-Phänomene hören. Das Aura-Hören ist nicht wirklich seltener als die Wahrnehmungen, die mit Sehen oder Tasten verbunden sind.

Dennoch ist es nicht besonders erstaunlich, dass das Aura-Hören so wenig bekannt ist. Unsere Augen können wir schließen, wir können Dinge anfassen oder die Hände davon lassen – mit unserem Gehör ist das jedoch anders. Wir haben keine »Ohrenlider«, mit denen wir Geräuschwahrnehmungen ausschließen können. Sofern wir ein gesundes Gehör haben, werden wir unablässig mit Klängen überflutet – selbst nachts. Und auch dann, wenn wir uns die Ohren zuhalten, hören wir noch den eigenen Blutstrom und das Schlagen unseres Herzens. Nur dadurch, dass unser Gehirn ein so effektiver Filter ist, ertrinken wir nicht in der Flut der Geräusche. Leider filtert das Gehirn bei Erwachsenen dabei normalerweise auch all jene Klänge heraus, die ihren Ursprung in feinstofflichen Wahrnehmungen haben. Sie können jedoch wieder lernen, die Aura zu hören.

Erfahrungen

Es ist gar nicht so selten, dass man feinstoffliche Kräfte hört – die meisten Menschen können durchaus von »unerklärlichen« akustischen Phänomenen berichten. Insbesondere bei Begegnungen mit anderen Menschen kommt es vor, dass ein Rauschen oder Summen, manchmal auch Musik und Klänge, seltener Stimmen, unvermutet auftauchen. Die Klänge sind stets so, dass sie die Kommunikation nicht stören – aber sie erstaunen oder beängstigen vielleicht sogar, wenn man sie nicht einordnen kann.

Aura-Hörende sind oft besonders geräuschempfindlich und sehr wählerisch bei Musik. Man findet unter ihnen nur selten Menschen, die sich ständig mit Musik umgeben oder gar Tanzveranstaltungen lieben. Vielmehr berichten sie, dass Musik es ihnen erschwert, den Kontakt zu anderen herzustellen. Hintergrundmusik empfinden sie meist als recht störend. Überraschenderweise finden sich gerade unter Aura-Hörenden besonders viele gute Musiker. Das deutet darauf hin, dass die äußere Musik (d. h. Musik, die nicht mit ihnen schwingt) es ihnen schwer macht, die eigene, innere Musik oder auch die des Gegenübers wahrzunehmen. Trotz solcher Erfahrungen sind sich diese Menschen in der Regel nicht bewusst, dass sie die Aura hören.

Es ist kaum bekannt, dass die Aura auch mit dem Gehör wahrgenommen werden kann – auch blinde Menschen können so die Aura »sehen«.

Vorübungen

Aus verschiedenen Gründen ist das Aura-Hören schwieriger zu üben als das Sehen oder Ertasten der Aura. Der äußere Gehörsinn ist individuell ganz unterschiedlich ausgeprägt. Es gibt Menschen mit einem verblüffenden Gehörsinn, die jedes Instrument heraushören, ein absolutes Gehör haben oder Tonabstände exakt wahrnehmen. Auf der anderen Seite gibt es auch Menschen, die mühelos einem verstimmten Instrument zuhören können, ohne dabei Qualen zu leiden.

Nun ist zwar das feinstoffliche Hören nicht direkt mit dem äußeren Hören verbunden – doch wer unmusikalisch ist, hat es schwerer, die Fähigkeit des inneren Hörens bewusst zu erleben. Es fehlen ihm die jeweiligen Begriffe und Vorstellungen von Musik. Dennoch können die meisten Menschen hören. Und damit können auch Sie – selbst wenn Sie sich für völlig unmusikalisch halten – lernen, die Aura zu hören.

Vorübung 1: Stilleübung

Die erste Übung besteht darin, erst einmal die Voraussetzung dafür zu schaffen, wirklich zu hören: Wir lassen Stille einkehren. Manchmal ist das leichter gesagt als getan. Wenn Sie auf einem einsamen Bauernhof fernab von Straßen und Trubel leben, ist es schon einfacher. Doch sollten Sie in der Stadt wohnen, womöglich an einer befahrenen Straße, müssen Sie schon zu drastischeren Maßnahmen greifen, um Stille zu erleben. Am besten ist es natürlich, eine abgelegene, stille Umgebung aufzusuchen. Doch wenn Sie im Alltag üben wollen, können Sie auch dafür sorgen, dass der Lärm nicht bis zu Ihnen vordringt – indem Sie sich z. B. Wachsstöpsel in die Ohren stecken. Sie werden merken, dass es auch dann nicht so einfach ist, Stille zu erleben. Denn selbst mit verschlossenen Ohren hören Sie Ihr Inneres: das Blut in den Adern, den Schlag Ihres Herzens, vor allem aber den Lärm Ihrer Gedanken und Gefühle.

Wenn Sie die Erfahrung der Stille machen, werden Sie anschließend viel mehr hören können als vorher. Ihre Wahrnehmung wird sich allmählich verfeinern.

Grenzüberschreitung zur Schizophrenie

Schizophrenie ist eine schwere psychische Erkrankung, bei der häufig Stimmen halluziniert werden. In diesem Zustand ist die Aura krankhaft geöffnet, ohne Schutzmechanismen. Die Aura anderer Lebewesen, insbesondere anderer Menschen, wird als Stimme wahrgenommen. Da die Aura der umgebenden Menschen nicht rein ist und viele negative Emotionen wie beispielsweise Aggressionen beinhaltet, sind an Schizophrenie Erkrankte oft ebenfalls aggressiv.

Schizophrenie kommt überall auf der Welt vor – auch bei indischen Mönchen. Diese nehmen die gehörten Stimmen jedoch nicht als aggressiv wahr. In früheren Zeiten wurden an Schizophrenie Erkrankte sogar als Heilige betrachtet, die mit höheren Welten in Verbindung stehen, und dies trifft in gewisser Weise ja auch zu.

Dennoch ist Schizophrenie eine Erkrankung, unter der die Betroffenen sehr leiden und die auch behandelt werden muss. Sie zeigt uns allerdings, dass wir von den betroffenen Menschen lernen können, den Phänomenen, die über die rein grobstoffliche Wahrnehmung hinausgehen, aufgeschlossen gegenüberzustehen.

- Setzen Sie sich bequem hin und schließen Sie die Augen.
- Sie hören eine Vielzahl von inneren Geräuschen. Versuchen Sie, nichts zu machen, außer diese zu registrieren.
- Bleiben Sie 10 bis 15 Minuten dabei und stellen Sie fest, wie allmählich eine Stille in Sie einkehrt, die mehr ist, als die Abwesenheit von Geräusch.

Klangschalen haben ein sehr vielschichtiges Klangspektrum, das sich ausgesprochen heilsam auf die Aura auswirkt.

Diese Übung ist nicht nur eine sehr gute Vorübung zum Aura-Hören, sondern sie hilft auch, Gelassenheit zu entwickeln. Machen Sie diese Übung daher zu Ihrem täglichen Begleiter.

Vorübung 2: Einen Klang verfolgen

Nachdem Sie die Kraft der Stille erfahren haben, können wir nun daran gehen, wirklich hören zu lernen. Für diese Übung benötigen Sie eine Stimmgabel, eine Klangschale oder ein Weinglas, das nach dem Anschlagen lange nachklingt.

- Setzen Sie sich entspannt hin und lassen Sie soweit wie möglich Ihre Alltagsgedanken und Sorgen los.
- Schließen Sie die Augen und schlagen Sie die Klangschale (bzw. die Stimmgabel oder das Weinglas) an.
- Folgen Sie dem Klang mit Ihrem Bewusstsein. Anfangs ist das sehr leicht, aber je feiner die Schwingungen werden, desto mehr Achtsamkeit ist notwendig.
- Wenn Sie nichts mehr hören können, schlagen Sie die Klangschale erneut an. Nehmen Sie sich genug Zeit, um neue Dimensionen des Klanges zu entdecken.

Als Anhaltspunkt gilt: Mit gesunden Ohren sollten Sie den Klang mindestens eine halbe Minute verfolgen können. Mit guten Ohren und ein wenig Übung sind es eineinhalb bis über zwei Minuten.

Vorübung 3: Rechtes und linkes Ohr

Bei dieser Übung können Sie Ihre Lieblingsmusik hören. Aber nicht einfach so, wie Sie es bisher gewohnt waren – sondern erst mit dem einen und anschließend mit dem anderen Ohr.

Ein modernes Hilfsmittel, der Kopfhörer, ist dabei sinnvoll. Sie können die Übung aber auch durchführen, indem Sie sich einfach ein Ohr zuhalten oder statt Musik Ihre Stimme zum Einsatz bringen, wofür Sie keinerlei

Statt einer Klangschale können Sie für die Übung des Klangverfolgens auch eine Stimmgabel oder ein Weinglas verwenden. Konzentrieren Sie sich so lange wie möglich auf den erzeugten Ton in all seinen Einzelheiten.

technische Geräte brauchen. Besonders empfehlenswert ist es allerdings, mit Musik zu beginnen – und zwar mit einer Musik, die Sie als ausgesprochen angenehm empfinden.

- Setzen Sie sich hin, schließen Sie die Augen und befreien Sie sich von Alltagsgedanken und Sorgen.
- Hören Sie nun die Musik zuerst mit einem Ohr. Registrieren Sie genau, was Sie hören und empfinden. Doch Vorsicht: Registrieren bedeutet nicht analysieren – es geht lediglich darum, aufmerksam zu beobachten.
- Wechseln Sie anschließend zum anderen Ohr und registrieren Sie auch hier, was Sie wahrnehmen.
- Wechseln Sie einige Male zwischen rechtem und linkem Ohr und achten Sie auf Unterschiede.

Wir sind heute ständig von Geräuschen umgeben – Verkehrslärm, Berieselungsmusik, Handyklingeln. Oft merken wir gar nicht mehr, dass wir akustisch völlig überreizt sind.

Die Musik wird wahrscheinlich auf einem Ohr heller bzw. dumpfer klingen, vielleicht auch einfach etwas lauter. Es ist gut, wenn Sie diese Unterschiede wahrnehmen – noch wichtiger sind jedoch die Veränderungen Ihrer Gefühle. Kommt Ihnen die Musik gefühlvoller vor, wenn Sie sie mit einem bestimmten Ohr hören? Oder glauben Sie, die Musik auf einem Ohr klarer zu hören und ihre Struktur besser erkennen zu können? Je bewusster Sie sich diese Unterschiede machen, desto feiner wird nicht nur Ihr äußeres Gehör, sondern auch Ihre Wahrnehmungsmöglichkeit im feinstofflichen Bereich.

Vorübung 4: Musikalisches Hören

Möglicherweise halten Sie sich für völlig unmusikalisch. Es sei einmal dahingestellt, ob es überhaupt völlig unmusikalische Menschen gibt – auf jeden Fall können Sie tiefer als bisher in die Welt der Klänge eintauchen und dabei viel Neues und Interessantes entdecken. Viele Menschen hören nur drei Dinge, wenn sie Musik hören: Sie unterscheiden zwischen schön und nicht schön, laut und leise sowie schnell, rhythmisch und langsam, sanft. Versuchen Sie doch einmal, feinere Unterschiede beim Hören von Musik wahrzunehmen. Achten Sie auf Folgendes:

Viele Menschen glauben, dass sie unmusikalisch sind, weil sie nicht singen können. Dabei hat Musikalität in erster Linie etwas mit dem Hören zu tun.

- Tonhöhe (tief, hoch)
- Tonqualität (dumpf, hell, schrill, dröhnend, nasal)
- Lautstärke (laut, leise)
- Melodie (melodiös, unmelodisch, monoton, harmonisch)
- Tempo (schnell, langsam)
- Rhythmus (regelmäßig, unregelmäßig, treibend, schleppend)
- Position (rechts, links, zentral, nah, fern)

Schon die Übung der Achtsamkeit bringt mitunter ganz neue Dimensionen in die Musik. Sie können Ihr Gehör immer weiter verfeinern. Dabei helfen Ihnen auch die folgenden einfachen Übungen:

- Melodien nachsingen: Versuchen Sie, sich Melodien schnell einzuprägen. Hören Sie sich ein Musikstück einmal an und versuchen Sie anschließend, die Hauptmelodie zu singen. Lassen Sie das Musikstück dann noch einmal laufen.
- Harmonien intuitiv erfassen: Versuchen Sie, bei unbekannten Musikstücken mitzusingen. Sie werden überrascht sein: Das gelingt mit ein wenig Übung erstaunlich gut!
- Auf Instrumente achten: Indem Sie auf den Klang unterschiedlicher Instrumente achten, lernen Sie, Obertöne zu hören – denn die Obertöne sind für jedes Instrument charakteristisch.
- Rhythmisches Hören: Konzentrieren Sie sich auf den Rhythmus der Musik. Klopfen Sie den Rhythmus mit und versuchen Sie, verschiedene passende Variationen einzubauen.

Grundübungen

Nachdem Sie sich mit den Vorübungen darauf eingestimmt haben, Klänge differenzierter zu hören, sind Sie nun bereit, das anscheinend Unhörbare zu hören. Sie hören mehr, als Ihnen bewusst ist – mit den folgenden Übungen machen Sie sich das unbewusst Gehörte bewusster.

Grundübung 1: Auf innere Bilder hören

Bei dieser Übung werden Sie feststellen, dass Sie die Aura Ihnen bekannter Menschen bereits wahrnehmen können – wenn auch wahrscheinlich unbewusst.

- Setzen Sie sich entspannt hin und versuchen Sie, sich von Sorgen und Alltagsgedanken zu befreien. Schließen Sie die Augen.
- Stellen Sie sich einen Menschen vor, den Sie gut kennen – so, dass Sie ihn deutlich vor Ihrem inneren Auge sehen.
- Achten Sie nun auf die begleitende Akustik. Welche Musik, Geräusche, Klänge oder anderen akustischen Wahrnehmungen gehen mit der Vorstellung dieses Menschen einher?
- Holen Sie sich anschließend einen anderen befreundeten Menschen vor Ihr inneres Auge und achten Sie auch hier auf die akustischen Phänomene.
- Wechseln Sie nun in der Vorstellung zwischen diesen beiden Menschen hin und her. Selbst wenn Sie vor der Übung bei keinem der beiden besondere akustische Wahrnehmungen feststellen konnten, werden Sie nun mit großer Wahrscheinlichkeit Unterschiede wahrnehmen. Konzentrieren Sie sich auf diese Unterschiede.

Auf akustische Phänomene achten wir meist nicht bewusst, wir nehmen sie nur unbewusst wahr. Viel häufiger achten wir darauf, was wir sehen.

Spätestens beim Wechsel zwischen den beiden vorgestellten Personen merken die meisten Menschen, dass die begleitenden Hörwahrnehmungen nicht zufällig sind, sondern von der vorgestellten Person abhängen. Dies ist auf die Aura zurückzuführen und zeigt, dass Sie diese immer schon unterbewusst wahrgenommen haben – in der Erinnerung ist diese Erfahrung bewahrt.

Grundübung 2: Eine Pflanzenaura hören

Die folgende Übung dient dazu, sich die Aura eines lebenden Wesens direkt über das Gehör bewusst zu machen. Auch bei dieser Grundübung ist es sinnvoll, eine Pflanze zu verwenden.

- Stellen Sie eine Pflanze im Abstand von einem bis zwei Meter vor sich hin.
- Setzen Sie sich bequem hin, entspannen Sie sich, befreien Sie sich von negativen Gedanken und schließen Sie die Augen.
- Konzentrieren Sie sich auf die Präsenz der Pflanze. Achten Sie insbesondere auf Ihre Hörwahrnehmungen.
- Wenden Sie langsam den Kopf von rechts nach links und achten Sie auf die Veränderung Ihrer Wahrnehmungen.
- In der zweiten Phase der Übung setzen Sie sich mit dem Rücken zur Pflanze. Achten Sie wieder auf Ihre Wahrnehmungen und auf die Veränderungen beim Drehen des Kopfes.

Manchmal berichten sensible Menschen davon, dass sie mit ihren Pflanzen sprechen – und dass ihre Pflanzen auf subtile Art auch mit ihnen sprechen. Natürlich benutzen Pflanzen keine Worte – und auch die Vorstellung, dass sie telepathisch, also durch Gedankenübertragung, sprechen, ist nicht zutreffend. Was jedoch von sensiblen Personen durchaus wahrnehmbar ist, ist die Aura der Pflanze – die sich eben auch als Hörwahrnehmung manifestieren kann. Aus diesem Grund ist es auch nicht abwegig, mit Pflanzen zu sprechen. Wichtig ist jedoch, dass Sie nicht einfach nur Worte benutzen, um mit Ihrer Pflanze zu kommunizieren, sondern dass diese Worte auch von Herzen kommen – denn nur so können Sie über die Aura in Kontakt treten.

Sie werden erstaunt sein, welche Hörwahrnehmungen Sie bei einem anscheinend stummen »Gegenstand« wie einer Pflanze machen können!

Grundübung 3: Aura-Echo

Bei dieser Übung werden Sie feststellen, wie sehr Ihr Hören von feinstofflichen Schwingungen beeinflusst wird. Am einfachsten durchzuführen, aber am schwierigsten wahrzunehmen ist die folgende Variation der Übung: Schlagen Sie eine Stimmgabel an und verfolgen Sie mit dem Bewusstsein ihren Klang – zunächst in Anwesenheit einer Person, eines Tieres oder einer Pflanze, und anschließend in deren Abwesenheit. Wenn Ihr feinstoffliches Gehör bereits gut sensibilisiert ist, werden Sie Unterschiede wahrnehmen können.

Sie können dieselbe Übung auch mit Musik und Instrumenten durchführen. Gerade bei Ihrer Lieblingsmusik werden Sie deutlich wahrnehmen können, dass die Musik anders wirkt, wenn eine andere Person im Raum ist – und auch, dass diese Veränderung bei unterschiedlichen Personen verschieden ist.
Noch deutlicher wird dies, wenn Sie Ihre eigene Stimme einsetzen, indem Sie einen Ton summen. Wenn Sie allein sind (also Ihre Aura kaum anderen Schwingungen ausgesetzt ist) werden Sie vermutlich ohne weiteres einen klaren Ton summen können. In Anwesenheit anderer Menschen wird sich dieser klare Ton deutlich verändern – und das hat nichts mit Lampenfieber zu tun! Auch wenn Sie keinerlei Scheu haben, vor anderen zu singen, wird Ihre Stimme anders klingen, sobald sie mit einer anderen Aura konfrontiert wird. Achten Sie auf die Unterschiede und versuchen Sie, sie immer deutlicher wahrzunehmen.

Jedes Musikinstrument spricht ein bestimmtes Chakra an und hat damit auch eine unverwechselbare Wirkung auf die Aura. So können auch Sie mit bestimmten Tönen einen bestimmten Effekt erzielen.

Vertiefende Übungen

Die folgenden Übungen sind nur dann sinnvoll, wenn Sie bereits im Aura-Hören geübt sind. Das differenzierte Aura-Hören setzt darüber hinaus auch noch ein geschultes Gehör voraus – wenn es Ihnen schwer fällt, sich Melodien zu merken, Instrumente zu unterscheiden oder Rhythmen zu erkennen, werden Sie beim Aura-Hören wahrscheinlich schnell an Ihre Grenzen stoßen. Das muss allerdings nicht sein, da Aura-Hören letztlich eben nicht dasselbe wie Hören ist, sondern die Fähigkeit, feinstoffliche Energien wahrzunehmen. Es gibt – wenn auch selten – Menschen, die in der Lage sind, Gehörtes vollkommen intuitiv wahrzunehmen. Vielleicht ist dies ja bei Ihnen der Fall. Ebenso wie bei den vorangegangenen vertiefenden Übungen sollten Sie auch die folgenden mit einem menschlichen Partner durchführen – denn nur beim Menschen ist die Aura so differenziert, dass Sie ihre Vielfalt wahrnehmen können.

Vertiefende Übung 1: Der Klang der Aura
Bitten Sie einen Menschen, den Sie gut kennen, sich als Partner für die Übung zur Verfügung zu stellen.

- Setzen Sie sich Ihrem Partner gegenüber entspannt hin, beruhigen Sie Ihre Gedanken und stimmen Sie sich auf den Klang der Aura Ihres Gegenübers ein.

- Achten Sie nun auf den individuellen Klangcharakter der Aura: Welche Instrumente (d.h. Obertöne) hören Sie? Welche Melodie (d.h. Verlauf der Töne) können Sie wahrnehmen? Welche Struktur (d.h. Rhythmus) fällt Ihnen auf?
- Vertiefen Sie sich in die Wahrnehmung und konzentrieren Sie sich abwechselnd auf die Einzelheiten und das Ganze.

Vertiefende Übung 2: Gezieltes Hören
Diese Übung dient dazu, Ihre Wahrnehmung zu konzentrieren und Ihre Fähigkeit, die Aura wahrzunehmen, im Alltag einzusetzen.

- Üben Sie, die Aura eines bestimmten Menschen – egal ob es sich dabei um einen Bekannten oder um einen Fremden handelt – trotz eines lauten Hintergrundes (beispielsweise bei einem Fest oder auf der Straße) wahrzunehmen.
- Versuchen Sie, Ihrer Aufmerksamkeit eine Richtung zu geben und das, was Sie jetzt nicht wahrnehmen wollen, auszublenden.

Üben Sie das gezielte Hören im Alltag, sooft sich eine passende Gelegenheit ergibt. Das kann z.B. auch bei der morgendlichen U-Bahn-Fahrt zum Arbeitsplatz sein.

Es gibt Menschen, die von Natur aus die Fähigkeit zum subtilen Hören haben. Diese kann, muss aber nicht mit der Fähigkeit des absoluten Gehörs verbunden sein.

Vertiefende Übung 3: Subtiles Hören
Bei dieser letzten Übung zum Aura-Hören lassen Sie das grobstoffliche Hören hinter sich. Auf dieser Stufe werden Sie erkennen, dass Sie die Aura tatsächlich nicht mit Ihrem äußeren Gehör wahrnehmen, sondern mit einem subtileren Sinn.

Am besten beginnen Sie die Übung mit einer Pflanze – die wahrscheinlich mehr Geduld mitbringt als Bekannte oder Freunde. Wenn Sie die ersten Erfahrungen mit dem subtilen Hören gemacht haben, können und sollten Sie Ihre neuen Fähigkeiten jedoch auch bei Freunden, Haustieren oder Begegnungen im Alltag erweitern.

- Befreien Sie Ihren Geist so weit wie möglich von Sorgen und unruhigen Gedanken. Stellen Sie sich auf die feinstoffliche Wahrnehmung ein. Hören Sie auf den Klang der Aura der Pflanze.
- Schließen Sie Ihre Augen und konzentrieren Sie sich auf die Einzelheiten. Prägen Sie sich den Klang ein.

- Verschließen Sie Ihre Ohren nun mit den Fingern (oder mit Wachsstöpseln). Können Sie den Klang der Aura weiterhin wahrnehmen? Hat sich im Vergleich zum Hören mit offenem Ohr etwas verändert?
- Wechseln Sie einige Male zwischen der Wahrnehmung der Aura mit geschlossenen und mit offenen Ohren und beobachten Sie Ihre Wahrnehmungen dabei so differenziert wie möglich.

Es geht nicht darum, sich den Aura-Klang einzuprägen. Sie sollen mit dieser Übung allmählich erfahren, dass Sie die Aura im Grunde immer mit Ihrem feinstofflichen Sinn wahrnehmen. Üben Sie das subtile Hören so oft wie möglich und lernen Sie, es vom normalen Hören zu unterscheiden. Wie alle Übungen zur subtilen Wahrnehmung ist auch diese eine spirituelle Übung, die für Ihre seelische Entwicklung sehr förderlich ist.

Beim Fühlen der Aura erfassen wir diese mit einem ganz besonderen Sinn: mit unserer Seele. Das setzt schon eine gewisse spirituelle Entwicklung voraus.

Die Aura fühlen

Das Aura-Fühlen zu üben ist schwieriger als die Aura zu sehen oder zu ertasten, denn es setzt eine gewisse Entwicklung voraus: Beim Sehen, Tasten oder Hören der Aura bringen erst die vertiefenden Übungen das Fühlen mit sich. Die Aura emotional zu fühlen bedeutet, sie mit der Seele zu erfassen. Die Aura gefühlsmäßig zu empfinden ist die Wahrnehmungsform, die den feinstofflichen Energien am nächsten steht.
Vielleicht gehören Sie zu den Menschen, die aufgrund langer Übung oder weil sie von jeher besonders intensiv auf ihre Gefühle achteten, von Geburt an oder aufgrund guten Karmas die Fähigkeit haben, die Aura wirklich mit dem Herzen zu fühlen. Möglicherweise haben Sie dann auch andere, übernatürliche Fähigkeiten. In diesem Fall ist es für Sie sinnvoll, mit dem Aura-Fühlen zu beginnen.
Doch vorweg ein Wort der Warnung: Verlassen Sie sich, wenn Sie nicht sehr erfahren sind, nie ausschließlich auf Fähigkeiten, die Ihre grobstofflichen Sinne übersteigen! Jede einzelne Erfahrung kann auch aus anderen Quellen stammen und sie kann auch eine Illusion sein. Unter diesem Problem leiden vor allem viele hellsichtige Menschen: Dass sie die Fähigkeit zu feinstofflichen Wahrnehmungen besitzen bedeutet ja nicht, dass alle anderen Wahrnehmungen, Illusionen und menschlichen Fehler wegfielen. Die Fähigkeit, feinstoffliche Phänomene direkt zu spüren, zeugt von einem hohen Potenzial, mit dem man verantwortlich umgehen muss.

Erfahrungen

Intuition, übersinnliche Fähigkeiten, Vorahnungen – all das steht mit unserer Aura in einem unmittelbaren Zusammenhang.

Fast alle Menschen haben Erlebnisse, die zeigen, dass sie die Anlage zum Aura-Fühlen in sich tragen. Am häufigsten ist wohl, dass man gelegentlich spürt, wenn einen jemand ansieht – und dann stellt man fest, dass es tatsächlich so ist. Was dabei geschieht, ist, dass die eigene Aura von der Aura eines anderen Menschen in Schwingung versetzt wird. Und dies können viele Menschen, wenn auch meist unbewusst, emotional wahrnehmen.
Auch manche Träume, Ahnungen und Intuitionen haben damit zu tun, dass wir die Aura anderer Menschen spüren. Insbesondere bei Menschen, die sich sehr gut kennen, ist dieses Gefühl deutlich zu erkennen. Die höheren Schichten der Aura, die nicht von Zeit und Raum begrenzt sind, stehen bei Menschen, die sich lieben, in einer harmonischen Verbindung. Dadurch kommt es mitunter zu erstaunlichen Phänomenen, die jedoch gar nicht selten sind. Vielleicht haben auch Sie das schon erlebt: Das Telefon klingelt und Sie wissen sofort, wer anruft, noch bevor Sie den Hörer abheben. Bei Menschen, die täglich mehrmals miteinander telefonieren, ist das natürlich nicht weiter erstaunlich. Aber es kommt eben auch vor, dass ein guter Freund, von dem man monatelang nichts gehört hat, anruft – und man ahnt, dass er es ist.

Manchmal glauben wir, eine geradezu telepathische Verbindung zu einem anderen Menschen zu haben. In Wirklichkeit kommunizieren die beiden Auras miteinander.

Auch so genannte hellsichtige Träume beruhen auf denselben Vorgängen. All diese übersinnlichen Erfahrungen haben eine Ursache: Ihre Aura berührt die Aura eines anderen Menschen, und Sie spüren das.

Vorübungen

Die folgenden Übungen sollen Ihnen dabei helfen, sich mit Ihren Gefühlen und Intuitionen systematisch vertraut zu machen. Systematisch bedeutet, dass Sie lernen, ganz genau hinzusehen und Illusion von Intuition, Gefühl von Einbildung zu unterscheiden.
Dabei gibt es zwei unterschiedliche Bereiche: das Wachbewusstsein, in dem Sie Ihre Achtsamkeit bewusst lenken können, und das Traumbewusstsein, in dem Ihre Verbindung zu den feinstofflichen Energien viel weniger durch rationale Blockaden eingeschränkt ist.

Über Intuition verfügen alle Menschen. Die meisten haben allerdings verlernt, mit ihr umzugehen. Das Wahrnehmen der Aura befähigt uns wieder dazu, genauer »hinzufühlen«.

Vorübung 1: Traumtagebuch
Ein Traumtagebuch zu führen ist für jeden Menschen, der sich selbst, seine Gefühle und seine verborgenen Fähigkeiten kennen lernen möchte, ein hervorragendes Hilfsmittel. Viele Menschen glauben, sie träumten gar nicht oder nur selten. Doch tatsächlich träumt jeder Mensch. Wenn Sie sich angewöhnen, ein Traumtagebuch zu führen, werden Sie sich immer häufiger und genauer an Ihre Träume erinnern können – und Sie werden in Ihren Träumen viel über sich erfahren: beispielsweise ob Sie hellsichtige Träume haben oder wie die Gefühle und Gedanken anderer Menschen Sie und Ihre Aura beeinflussen.
Der einfachste Weg, ein Traumtagebuch zu führen, besteht darin, sich einen Notizblock neben das Bett zu legen und dort jeden Traum zu notieren, an den man sich erinnert. Doch schon das Erinnern ist nicht so leicht. Nach wenigen Minuten sind Träume, an die man sich beim Aufwachen noch erinnerte, wieder im Dunkel des Unbewussten verschwunden. Der beste Weg, einen Traum im Gedächtnis festzuhalten, bevor man ihn aufzeichnet, ist die dreifache Wiederholung.

- Behalten Sie die Augen geschlossen, wenn Sie sich beim Aufwachen noch an einen Teil eines Traumes erinnern.
- Bewegen Sie sich nicht.
- Versuchen Sie, sich das letzte Traumbild noch einmal vor Ihr inneres Auge zu rufen.

- Wiederholen Sie alles, woran Sie sich noch erinnern können – seien es Bilder, Gedanken oder Gefühle –, dreimal.
- Meist kommen nach der ersten Erinnerung weitere. Wiederholen Sie auch diese dreimal.
- Wenn Sie alle Traumbilder, an die Sie sich noch erinnern konnten, in Ihrem Gedächtnis gefestigt haben, können Sie nun damit beginnen, die Träume aufzuzeichnen.
- Assoziieren Sie: Schreiben Sie alles auf, was Ihnen spontan zu Ihrem Traum einfällt – ganz gleich, wie abwegig oder langweilig es Ihnen erscheinen mag.
- Geben Sie Ihrem Traum einen Namen – vergleichbar mit dem Titel eines Buches oder Kinofilms. In diesem Titel fassen Sie die Hauptaussage des Traums auf kleinstem Raum zusammen.

Träume stellen eine wichtige Pforte in das Reich des Unterbewusstseins dar. Über sie erlangen wir Zugang zu unserer Seele.

Im Laufe der Zeit werden Sie durch die Übung eine immer bessere Verbindung zu Ihrem Traumbewusstsein bekommen. Und je mehr Sie sich Ihrer bislang unbewussten Energien bewusst werden, desto mehr werden Sie Sie selbst.

Vorübung 2: Die eigenen Gefühle kennen lernen

Es gibt schöne Gefühle und es gibt quälende Gefühle. Manchmal wünschen Sie sich vielleicht, ein Gefühl nicht zu haben. Sie wollen nicht, dass dieses Gefühl ein Teil von Ihnen ist. Wenn Sie sich sehr für das Spirituelle interessieren, sind Ihnen vielleicht alle Gefühle zuwider, die Ihre materiellen Bedürfnisse spiegeln. Nun hat es aber keinen Sinn, Gefühle zu leugnen und zu verdrängen. In der folgenden Übung können Sie lernen, Ihre Gefühle besser wahrzunehmen, sie zuzulassen, zu verstehen und richtig mit ihnen umzugehen.

- Schreiben Sie auf ein Blatt Papier alle – positive wie negative – Gefühle, die Ihnen einfallen.
- Sehen Sie sich anschließend ein Gefühl nach dem anderen an und überlegen Sie, ob das Gefühl zu Ihnen gehört (auch wenn Ihnen das Gefühl nicht lieb ist). Seien Sie dabei ehrlich zu sich selbst. Schreiben Sie diese Gefühle auf ein neues Blatt.
- Betrachten Sie nun die Gefühle auf diesem zweiten Blatt Papier. Stellen Sie sich bei jedem Gefühl die Frage, ob Sie dieses Gefühl auch zeigen können. Machen Sie einen Kreis um das Gefühl, wenn Sie es nicht zeigen können.

- Versuchen Sie, auch die Gefühle, die Ihnen nicht so angenehm sind, zuzulassen. Das bedeutet, dass Sie sich das Gefühl genau ansehen, es in sich aufsteigen lassen und sich Ihre Einstellung zu diesem Gefühl genau ansehen.
- Versuchen Sie, das Gefühl zu verstehen. Fragen Sie sich, was das Gefühl Ihnen oder anderen sagen möchte und welche Spannung es auflösen will. Gefühle sind immer Ausdruck und Befreiung.
- Üben Sie, mit Ihren Gefühlen neu umzugehen: Nehmen Sie Ihre Gefühle bewusst wahr, gestehen Sie sich ein, was Sie fühlen (z. B. »Ich spüre Ärger.«), achten Sie darauf, welche Gedanken das Gefühl nach sich zieht und wie es sich auswirkt. Lassen Sie das Gefühl tun, was es eigentlich tun will: Es will Ihnen helfen, das zu tun, was für Sie im jeweiligen Augenblick Ihres Daseins das Beste ist.

Viele Menschen verleugnen ihre Gefühle, weil diese – wie z. B. Scham, Eifersucht, Schuld oder Trauer – durchaus auch negativ sein können. Verdrängte Gefühle lösen sich jedoch nicht in Nichts auf; meist tauchen sie an anderer Stelle unerwartet stark wieder auf. Aus diesem Grunde ist es so wichtig, sich allen Gefühlen, egal ob positiv oder negativ, zu stellen.

Wenn Sie im Einklang mit statt gegen Ihre Gefühle leben, sind Sie auf dem richtigen Weg. Für das Fühlen der Aura ist es wichtig, dass Sie Ihre Gefühle genau kennen – wie gute Freunde, die alle nur Ihr Bestes im Sinn haben.

Grundübungen

Die Vorübungen hatten nur indirekt etwas mit dem Fühlen, dem intuitiven Erfassen der Aura zu tun. Doch vielleicht haben Sie in Ihren Träumen und Ihren Gefühlen schon feststellen können, dass Sie mehr wahrnehmen und mehr fühlen, als es Ihnen zuvor bewusst war. Ihr »Gefühls-Sinn« ist wacher geworden. In den folgenden Grundübungen können Sie die ersten Versuche machen, wie viel Ihre Intuition und Ihre Gefühle Ihnen über die Aura sagen können.

Grundübung 1: Eine Pflanze erspüren

Ihr Partner bei der ersten Grundübung zum Aura-Fühlen ist wiederum eine Pflanze. Denn bevor Sie mit einem menschlichen Partner arbeiten, sollten Sie eine Übung zum Schutz Ihrer Aura durchführen, da sich beim Fühlen der Geist besonders weit öffnet.

- Setzen Sie sich vor eine Pflanze. Am besten ist es, wenn Sie die Augen schließen – und wenn möglich auch die Ohren (mit Wachsstöpseln oder mit den Fingern).

- Öffnen Sie Ihr Bewusstsein ganz der Aura der lebendigen Pflanze vor Ihnen. Erfüllen Sie Ihren Geist vollkommen mit ihrer Präsenz.
- Drehen Sie langsam den Kopf und versuchen Sie zu fühlen, wo die Pflanze ist. Kontrollieren Sie Ihr Gefühl, indem Sie ab und zu kurz die Augen öffnen.
- Erhöhen Sie allmählich die Entfernung und finden Sie heraus, bis zu welchem maximalen Abstand Sie die Präsenz der Pflanzenaura noch fühlen können.

Grundübung 2: Unterschiede fühlen

Die zweite Grundübung zum Aura-Fühlen verläuft zunächst genauso wie die vorangegangene. Sie tragen die Pflanze nun jedoch an verschiedene Standorte und achten auf die Veränderungen in Ihren Gefühlswahrnehmungen, wenn Sie sich auf die Aura konzentrieren. Achten Sie dabei besonders darauf, wo die Gefühle positiv und wo sie negativ sind. Registrieren Sie, ob Ihre Gefühle tatsächlich etwas mit dem zu tun haben, was Ihrer Pflanze gut tut und was nicht – haben Sie beim besten Standort für diese Pflanze auch die positivsten Gefühle? Sie können mit dieser Übung wunderbar experimentieren: Fühlen Sie die Pflanzenaura beispielsweise vor und nach dem Gießen, bei Sonnenschein und dunklem Himmel, morgens und abends, bei geöffnetem Fenster und bei geschlossenem.

Jedes Lebewesen hat eine Präsenz, existiert also fühlbar. Buddhisten beten deshalb auch für »jedes fühlende Wesen«. Dazu bedarf es natürlich einer großen spirituellen Reife.

Vertiefende Übungen

Bei den vertiefenden Übungen zum Aura-Fühlen öffnen Sie sich ganz bewusst der Aura von Menschen. Da hier ein enormer Energieaustausch stattfindet, der neben positiven möglicherweise auch negative Energien freisetzt, sollten Sie vorher unbedingt eine Übung zum Schutz Ihrer Aura durchführen. Denn gerade wenn Sie noch nicht so erfahren sind, kann es leicht geschehen, dass Sie Ihre Aura auch schädigenden Einflüssen öffnen. Eine einfache Aura-Schutzübung finden Sie auf Seite 74f.

Vertiefende Übung 1: Den Geist öffnen

Nachdem Sie die Schutzübung durchgeführt haben, können Sie Ihren Geist gefahrlos öffnen und versuchen, die Präsenz anderer Menschen zu spüren. Am sinnvollsten ist es, wenn Sie zunächst mit einem guten Freund allein in einem Raum üben – es wird Ihnen dann verhältnismäßig leicht fallen, sich auf die Schwingungen einzustimmen.

Das Herzchakra erleichtert es Ihnen, sich Ihrem Gegenüber ganz zu öffnen. Ein starkes Herzchakra wirkt sich nicht nur auf Sie, sondern auch auf Ihre Umgebung positiv aus.

- Setzen Sie sich Ihrem Partner gegenüber. Befreien Sie sich, so gut es geht, von Sorgen und Alltagsgedanken. Bitten Sie auch Ihren Partner, sich zu entspannen.
- Legen Sie beide Hände über Ihr Anahata-Chakra (Herzchakra), auf die Mitte Ihrer Brust. Bitten Sie Ihren Partner, dasselbe zu tun. Schließen Sie Ihre Augen.
- Öffnen Sie sich ganz Ihren Gefühlen. Stimmen Sie sich auf die Präsenz der Aura ein, indem Sie sich vorstellen, wie sich Ihr Geist ausweitet und die Aura Ihres Partners berührt.
- Folgen Sie ganz Ihrer Intuition. Registrieren Sie alle Einzelheiten, die Sie intuitiv wahrnehmen. Bewerten Sie aber nichts, nehmen Sie lediglich wahr. Achten Sie darauf, ob Ihre Gefühle aus Ihnen kommen, oder ob sie von außen (d. h. von der Aura Ihres Partners) an Sie herangetragen werden.
- Nehmen Sie sich für diese erste vertiefende Übung genügend Zeit – mindestens eine halbe Stunde.

Etwas wahrzunehmen, dabei aber nicht zu bewerten, fällt den meisten Menschen – zumindest im westlichen Kulturkreis – sehr schwer.

Wichtig ist, dass Sie mit dem ganzen Herzen bei der Sache sind – und gleichzeitig eine spielerische Haltung bewahren. Das bedeutet: Bemühen Sie sich nicht mit aller Kraft, sondern bleiben Sie neugierig – lassen Sie Ihrer Intuition Raum zum Experimentieren.

Wenn Sie ein wenig Erfahrung damit haben, die Aura eines anderen Menschen zu fühlen, können Sie Ihre Fähigkeiten im Alltagsleben, mit fremden Menschen, weiter vertiefen.

Vertiefende Übung 2: Gefühle empfangen

Bei dieser Übung versuchen Sie, ganz konkrete Gefühle zu empfangen. Auch sie sollten Sie unbedingt zunächst mit einem guten Freund durchführen. Es geht nicht nur darum, irgendwelche Gefühle zu empfangen und zu glauben, dass Sie richtig liegen. Glauben und Vertrauen sind natürlich wichtig. Es ist jedoch eine ganz besondere Achtsamkeit notwendig, um zu lernen, Vorstellungen von subtilen Wahrnehmungen zu unterscheiden. Daher ist es anfangs von großer Bedeutung, dass Sie Ihre Wahrnehmungen bestätigen.

Die nebenstehende Übung können Sie ruhig auch etwas spielerischer auffassen. Gehen Sie nicht mit allzu viel Ernst an die Sache heran – bleiben Sie locker und setzen Sie sich nicht unter Druck. Dann stellen sich Erfolge wie von selbst ein.

- Sie und Ihr Partner sitzen sich entspannt gegenüber, Sie schließen die Augen, leeren Ihren Geist und legen die Hände über das Anahata-Chakra (Herzchakra) auf die Brustmitte.
- Bitten Sie Ihren Partner, sich eine Situation vorzustellen, in der er ein intensives Gefühl empfand.
- Öffnen Sie sich der Wahrnehmung der Aura Ihres Partners. Was können Sie fühlen? Nehmen Sie sich Zeit, in das Gefühl einzutauchen. Hüten Sie sich vor Interpretationen – registrieren Sie einfach, was Sie wahrnehmen.
- Wenn Sie meinen, einen klaren Eindruck von den Gefühlen Ihres Partners zu haben, unterbrechen Sie die Übung.
- Beschreiben Sie Ihrem Partner, was Sie gefühlt haben – und lassen Sie ihn berichten, was er gefühlt hat.
- Wiederholen Sie die Übung immer wieder. Ihr Partner sollte sich dabei verschiedene Gefühlszustände durch die Vorstellung von erlebten Situationen intensiv vergegenwärtigen.

Wenn die Übung anfangs nicht gelingt und Sie von Ihren Wahrnehmungen verwirrt sind, können Sie eine Variante der Übung durchführen. Da alle Wahrnehmungen durch den Filter Ihrer eigenen Aura gehen, können die Empfindungen manchmal verzerrt sein. Dann hilft es, wenn Sie sich von Ihrem Partner zunächst sagen lassen, ob er sich ein positives oder negatives Gefühl vergegenwärtigen wird. Ihr Bewusstsein ist dann schon auf die Gefühlsrichtung eingestellt – und Ihr unterbewusster Geist wird dann leichter die richtigen Gefühle empfangen können.

Alle Sinne öffnen

Sie haben in diesem Kapitel verschiedene Möglichkeiten kennen gelernt, die Aura wahrzunehmen. Doch damit sind die Möglichkeiten noch längst nicht erschöpft: Möglicherweise haben Sie auch Geschmacks- oder Geruchsempfindungen, die in Wirklichkeit Interpretationen Ihres Geistes sind, die dazu dienen, Aura-Wahrnehmungen zu verstehen. Vielleicht spüren Sie auch Bewegungen, setzen also Ihren kinästhetischen Sinn ein. Vielleicht haben Sie aber auch viele verschiedene Sinneseindrücke, die miteinander verschmelzen.

Jeder Mensch ist einzigartig. Auch seine Wahrnehmung ist ganz individuell. Warum sollte man sich also überhaupt auf einen Sinn beschränken? Anfangs ist es für die meisten Menschen am einfachsten, sich auf ihren Leitsinn zu konzentrieren. Auf Dauer ist das jedoch nicht nötig. Eher im Gegenteil: Je mehr Sinne Sie einsetzen können, um feinstoffliche Phänomene zu erfahren, desto besser. Zu Beginn kann dies allerdings etwas verwirrend sein.

Seien Sie offen für alles. Versuchen Sie, nicht ein bestimmtes »Ergebnis« bei den Übungen zu erwarten, dann werden Sie überraschende und erstaunliche Erfahrungen machen.

Eine andere Sprache

Bei den fortgeschrittenen Übungen haben Sie festgestellt, dass es nicht wirklich die körperlichen Sinne sind, mit denen wir die Aura wahrnehmen. Doch diese Sinne kennen wir nun einmal am besten, und daher werden die Wahrnehmungen der inneren Sinne gewissermaßen in die äußere Sinnessprache übersetzt.

Manche Menschen sind sich der Relativität ihrer Wahrnehmungen bewusst, da sie von Natur aus mit allen Sinnen, nicht nur mit den physischen, wahrnehmen. Psychologen bezeichnen eine Wahrnehmung über die Sinnesgrenzen hinweg als Synästhesie; dann können Klänge beispielsweise als Farben gesehen werden.

Je mehr Erfahrung Sie mit dem Wahrnehmen der Aura haben, desto eher werden diese Wahrnehmungen synästhetisch sein: Sie werden die Aura sehen und die Farben als Klänge hören, Sie werden die Aura ertasten und Farben sehen, Sie werden die Aura mit dem Herzen empfinden und alle Wahrnehmungen gleichzeitig haben. Lassen Sie sich davon jedoch nicht verwirren. Bleiben Sie einfach offen für Ihre Wahrnehmungen, und genießen Sie das Wunder Ihrer neuen Fähigkeit.

Die Aura verstehen

In den vorangegangenen Kapiteln stand in erster Linie die Wahrnehmung feinstofflicher Schwingungen im Mittelpunkt. Diese Wahrnehmung ist der wichtigste Teil – ganz gleich, ob sie sich als eine dem Sehen, Tasten, Hören oder Fühlen vergleichbare Wahrnehmung zeigt. Wenn Sie in der Lage sind, die Aura wahrzunehmen, kann es auch gut sein, dass Sie das, was Sie sehen, ertasten, hören oder fühlen, bereits intuitiv verstehen. Sie sehen bestimmte Farben in einer Aura und haben das Gefühl, dass Sie etwas Positives oder Negatives wahrnehmen. Der Intuition zu folgen hat viele Vorteile; unser Geist kann unsere Wahrnehmungen in der Regel richtig interpretieren und ihre Bedeutungen ausmachen.

Doch oft ist es leider auch so, dass uns unsere Intuition verwirrt oder dass der Zugang zu unserer Intuition durch verschiedene Umstände erschwert ist. Die Intuition kommt allerdings nicht aus dem Nichts – sie arbeitet mit den Erfahrungen, die wir im Laufe unseres Lebens gemacht haben, und mit dem Wissen, das wir daraus gewonnen haben. Aus diesem Grund sollen Ihnen in diesem Kapitel Interpretationshilfen an die Hand gegeben werden, mit denen es Ihnen leichter gelingt zu verstehen, was Sie wahrnehmen. Das Ziel dieser Interpretationshilfen bleibt aber, dass Sie schließlich darüber hinauswachsen und direkt zu verstehen beginnen.

Die Kluft zwischen Gefühl und Verstand ist bei vielen von uns leider immer noch sehr groß. Oft können wir das, was wir fühlen, nicht richtig deuten. Die folgenden Seiten sollen Ihnen bei der Interpretation Ihrer Aura-Wahrnehmung helfen.

Individuell unterschiedlich

Jeder Mensch hat seine eigenen Wahrnehmungen. Es ist also gar nicht möglich, bis in alle Einzelheiten zu sagen, was eine bestimmte Wahrnehmung bedeutet. Ein »warmes« Gefühl kann angenehm sein oder unangenehm; man kann die Wärme als positiv oder als negativ empfinden. Das Gleiche gilt natürlich für alle anderen Wahrnehmungen.

Dies bedeutet jedoch nicht, dass im Bereich der subjektiven Wahrnehmung völlige Beliebigkeit herrscht – wo jemand eine strahlend goldene Aura wahrnimmt, wird ein anderer nicht eine verschwommen grüne mit schwarzen Flecken sehen. Es gibt keine absoluten Kriterien, mit denen Sie Ihre feinstofflichen Wahrnehmungen interpretieren können. Doch es gibt Anhaltspunkte und Gemeinsamkeiten. Und diese werden Sie im Folgenden kennen lernen.

Aura-Sehen

Bei der Aura-Wahrnehmung gilt: Es ist alles erlaubt! Schränken Sie Ihr eigenes Vorstellungsvermögen nicht unnötig durch Normen oder »Regeln« ein.

Es gibt spirituelle Schulen, die das Aura-Lesen anhand von normierten Farbtafeln lehren. Das widerspricht der Einzigartigkeit, durch die sich jedes Lebewesen auszeichnet und der Einzigartigkeit seiner Wahrnehmung. Ein wahrer Kern steckt allerdings auch darin: Die Schichten der Aura sind unterschiedlich gefärbt, und diese Farben sind nicht zufällig. Die Farben folgen grob der Reihenfolge der Farben des sichtbaren Lichtes – eine niedrigere Schwingung der Aura wird in aller Regel auch als eine niedrige Schwingung des sichtbaren Lichtes wahrgenommen. Die unterste Ebene der Aura, Annamaya Kosha, wird daher praktisch immer rötlich wahrgenommen.

Doch schon hier wird es schwierig: Wenn Sie die Aura zwar wahrnehmen, aber nicht einzelne Schichten unterscheiden können, werden Sie wahrscheinlich keinen rötlichen Schimmer, sondern eher einen weißen, blauen oder grünen Schein sehen. Und das ist noch nicht alles: Ihre eigene Aura beeinflusst die Wahrnehmung einer fremden Aura. Ihre feinstoffliche Wahrnehmung läuft stets durch den Filter Ihrer persönlichen Aura.

Das klingt nun ungeheuer kompliziert. In Wirklichkeit ist es jedoch einfacher – eben weil Sie sich nicht an die Bedeutung bestimmter Farben klammern sollten. Sie werden im Folgenden etwas über die Bedeutung

Die Farben der Aura

Ganz allgemein lässt sich sagen: Je mehr Rot Sie sehen, desto mehr geht es um die grundlegenden Vitalfunktionen, um das Grobstoffliche, die Grundlagen des Lebens. Wenn Sie mehr Blau oder sogar Weiß sehen, geht es um höhere spirituelle Bereiche.

Farbe	Aura-Ebene	Bedeutung, Thema, Problem
Rot	Annamaya Kosha	Lebenskraft, Ernährung, Verwurzelung
Orange	Pranamaya Kosha	Vitalfunktionen (z. B. Kreislauf, Atmung), Lebenswille
Gelb	Manomaya Kosha	Psyche, Ich, Gefühle, Denken, Sinneswahrnehmungen
Grün	Vijnanamaya Kosha	Kreativität, Intuition, Spiritualität
Hellblau	Anandamaya Kosha	Berührungsebene des Irdischen und des Göttlichen
Dunkelblau	Jiva	Individuelle Seele
Violett	Maha-Jiva	Göttliche Seele

von Farben, von Bewegungen und Formen der Aura erfahren. Das alles sind jedoch nicht Bedeutungen, die wie aus einem Lexikon einfach abgelesen werden können – es sind vielmehr Anhaltspunkte für Ihre Intuition. Sie können – und Sie werden! – spüren, ob eine bestimmte Interpretation im Einzelfall zutreffend ist oder nicht (siehe Übersicht auf Seite 98). Ihre Wahrnehmungen beinhalten viel mehr, als man mit Worten andeuten kann. Aber die Worte können Ihrer Intuition die Richtung weisen.

Auf den ersten Blick

Sie können an dem ersten Eindruck der Aura erkennen, welches Thema bei dem Menschen, dessen Aura Sie wahrnehmen, im Vordergrund steht. Das gilt selbst dann, wenn Sie keine Schichten, sondern nur eine undifferenzierte Aura wahrnehmen: Die Färbung ist dann eine Mischung der verschiedenen Ebenen – und der Farbeindruck, den Sie haben, zeigt die Richtung. Einem Heiler zeigt die Grundfarbe der Aura die Ursache des gesundheitlichen Problems.

Wenn Sie verschiedene Aura-Schichten wahrnehmen, werden Sie dennoch den Eindruck haben, dass eine bestimmte Farbe überwiegt. Darüber hinaus können Sie jedoch auch innerhalb einer Aura-Ebene Farbunterschiede wahrnehmen. Dabei gilt für die Farben das Gleiche, was oben gesagt wurde.

Wenn beispielsweise die dritte Ebene der Aura (deren Grundfarbe Gelb ist) einen eher ins Rötliche gehenden Ton aufweist, bedeutet dies, dass das Grobstoffliche in den Gefühlen und Gedanken des betreffenden Menschen eine große, wahrscheinlich zu große Rolle spielt. Erkennen Sie in dieser Ebene blaue und grüne Farben, deutet dies darauf hin, dass das Spirituelle sich stark auf einer rein gedanklichen Ebene abspielt (also noch nicht seine Bestimmung gefunden hat). Alle Schichten der Aura durchdringen und beeinflussen einander. Eine »reine« Aura (die es so nicht gibt) würde klar getrennte Schichten aufweisen und die Farben wären unvermischt und klar.

Die kleinen Farbunterschiede in den verschiedenen Aura-Ebenen zeigen, wo Schwierigkeiten und Krankheiten, aber auch Entwicklungsmöglichkeiten und bisher unentdeckte Chancen liegen. Allein mit dem einfachen Hilfsmittel der Tabelle auf Seite 100 können Sie bereits vieles verstehen, und Ihnen steht damit schon die Möglichkeit offen, viele wichtige Dinge in einer Aura zu lesen.

Verlassen Sie sich beim Deuten der Aura immer auf Ihre Intuition – schließlich hat die Aura-Wahrnehmung in erster Linie die Schulung Ihrer Intuition zum Ziel.

Schwarze und weiße Stellen

Lösen Sie sich von alten Denkmustern. Schwarz symbolisiert nicht immer das Böse, ebenso wie Weiß nicht automatisch für Reinheit steht.

Eine Wahrnehmung, von der Menschen beim Aura-Sehen immer wieder berichten, sind schwarze und/oder weiße »Flecken« an bestimmten Stellen der Aura. Die Stellen, an denen diese »Flecken« auftauchen, sind von großer Wichtigkeit, insbesondere für die Aura-Diagnose und die Aura-Heilung. Doch obwohl sie so wichtig sind, werden sie leider häufig falsch interpretiert.

Nur allzu leicht verfallen wir dem Vorurteil, dass Schwarz das Dunkle, Böse, Schlechte sei und Weiß auf lichte, gute, erleuchtete Aspekte hinweise. Natürlich hat das seine Gründe. Die Aura des Erleuchteten leuchtet strahlend weiß und nicht schwarz. Und eine von Schwarz dominierte Aura ist in der Regel ein Zeichen einer schweren körperlichen oder seelischen Erkrankung.

Dennoch: Versuchen Sie unbedingt, sich von jeglichen Vorurteilen zu befreien, wenn Sie eine Aura interpretieren. Das gilt schon für die Farbwahrnehmungen, doch noch viel mehr für die Wahrnehmung schwarzer und weißer Anteile der Aura.

Schwarz *kann* manchmal negativ sein. Seine eigentliche Bedeutung ist jedoch Ruhe, Stille und Inaktivität. So kann mitunter die Aura bei Meditierenden schwarze Stellen aufweisen – insbesondere die ersten beiden Schichten sind davon betroffen, wenn die gesamte Energie auf höhere

Dunkle und helle Anteile der Aura

Auch die folgenden Stichworte stellen nur einen Anhaltspunkt dar, an dem sich Ihre Intuition orientieren kann. Denken Sie daran, dass die Interpretation der Aura nie mechanisch erfolgen darf, sondern immer auch von Ihrer eigenen Position abhängt.

	Schwarze Teile der Aura	**Weiße Teile der Aura**
Allgemein	Inaktivität, Ruhe	Aktivität, Bewegung
Körperliche Probleme	Unterfunktion, Tumor	Überfunktion, Entzündung
Seelische Probleme	Depression, Stillstand	Verwirrung, Überaktivität
Über Chakra	Blockade	Überbetonung
Energetisches Potenzial	Energiebedarf	Energieüberschuss
Dominierend	Krise	Erleuchtung

Schwingungsebenen eingestimmt wird. Das ist eine ganz normale, nicht weiter bedenkliche Erscheinung, die vor allem bei Meditationsanfängern häufig zu sehen ist.

Blockaden und Überaktivität

Treten schwarze Stellen in der Aura auf, weist dies auf inaktive Orte im Ätherleib hin. Inaktivität ist an sich noch nicht problematisch. Erst wenn die Inaktivität dominiert oder gezielt im Bereich eines Chakras zu finden ist, kann man davon ausgehen, dass ein Problem, eine Fehlentwicklung oder eine Blockade vorliegt. Schwarz bedeutet Stillstand. Erst im Zusammenhang mit Ihren anderen Wahrnehmungen und Ihrer Intuition können Sie beurteilen, was die Wahrnehmung schwarzer (oder dunkler) Anteile der Aura wirklich bedeutet.

Ähnliches gilt für die Wahrnehmung weißer Teile der Aura. Weiß *kann* manchmal positiv sein; die Aura strahlt bei Erleuchteten weiß oder golden. Doch einzelne weiße Stellen bedeuten oft eher Aufruhr, hektische Aktivität, Durcheinander. In Krisenzeiten – sowohl seelischer als auch körperlicher Art – ist die Energie an den betroffenen Stellen überaktiv und bringt eine wie auch immer geartete Unruhe hinein.

Dies lässt sich an einem ganz einfachen Beispiel erkennen, das bei der Aura-Diagnose und der Aura-Heilung immer wieder eine wichtige Rolle spielt: Bei Entzündungen jeglicher Art weisen die ersten beiden Schichten der Aura oft strahlend weiße Stellen auf. Die Energie konzentriert sich dort, da die erkrankten Zellen bei dem Versuch, die Entzündung zu bekämpfen, Energie anziehen.

Aura-Heiler haben mit der Zeit ein Gespür dafür entwickelt, wie Abweichungen in der Aura zu interpretieren sind. Verbindliche Normen gibt es dabei nicht.

Demnach sollten auch bei der Wahrnehmung weißer Anteile der Aura Vorurteile möglichst vermieden werden. Bleiben Sie offen für Ihre Intuition. Sie wird Ihnen sagen, wann eine verstärkte energetische Aktivität ein Problem ist, wann sie unbedenklich ist und wann sie eine positive Entwicklung andeutet.

Keine Farben – und alle gleichzeitig

Schließlich sollte noch auf eine weitere Besonderheit der beiden »Farben« Schwarz und Weiß hingewiesen werden: Beide werden zwar oft als Farben bezeichnet, sind aber eigentlich keine.

Weiß stellt im physikalischen Sinn die Überlagerung aller Farben dar (additiv). Weißes Licht enthält alle Farben des Spektrums, wie man anhand eines Prismas sehr anschaulich belegen kann: Fällt weißes Licht auf ein Prisma, wird dieses Licht wie bei einem Regenbogen wieder in seine Einzelfarben zerlegt.

Mit Schwarz verhält es sich ganz ähnlich, allerdings etwas komplizierter: Schwarz kann einerseits die Abwesenheit von Farbe sein, andererseits aber auch das Vorhandensein aller Farben (subtraktiv). Das können Sie nachprüfen, indem Sie alle Farben eines Malkastens übereinander malen – Sie erhalten einen schwarzen Fleck.

Was ist nun aber der Unterschied von Schwarz und Weiß, wenn beide alle Farben enthalten? Zunächst einmal dieser: Die Energien von Weiß gehen nach außen (entweder weil sie mit der Welt teilen wollen oder weil ein ungesunder Energieüberschuss herrscht), die Energien von Schwarz (in dem Fall, dass das Schwarz durch eine Vermischung aller Farben zustande gekommen ist) gehen nach innen. Auch das zeigt, dass Sie bei der Interpretation schwarzer und weißer Stellen der Aura immer besondere Vorsicht walten lassen sollten.

Wenn Sie bisher die Aura noch nicht differenziert sehen können, ist es wahrscheinlich, dass Sie einen weißen (meist etwas ins Rötliche gehenden) Schimmer als Aura sehen. Sie sehen dann alle Farben der Aura gleichzeitig – und das erscheint dann als Weiß.

Die Aura ist ein lebendiges Wesen. Sie verändert sich je nach Befindlichkeit desjenigen, den sie umgibt, und desjenigen, der sie wahrnimmt. Das macht eine Deutung so schwierig.

»Verschmutzungen« der Aura

Eine Aura, die klar und rein wahrgenommen wird, stellt Sie vor keine Herausforderungen, wenn Sie Ihre Wahrnehmungen interpretieren wollen. Doch das ist natürlich selten. Wenn Sie in der Lage sind, Einzelheiten der Aura zu erkennen, werden Sie praktisch immer Flecken, Unreinheiten oder Makel in der Aura sehen können. Auch wenn Sie die Aura vorerst nur als verschwommenen Schimmer um Personen herum wahrnehmen, werden Sie vermutlich oft auch solche Stellen erkennen, an denen die Aura unrein erscheint.

Wenn Menschen erst beginnen, die Aura zu sehen, sind sie von solchen Wahrnehmungen meist beunruhigt. Dabei sollte jedoch immer im Auge behalten werden, dass eine vollkommene Aura so selten ist wie ein vollkommener Mensch.

Eine Aura, die als weiß wahrgenommen wird, enthält in Wirklichkeit alle Farben des Spektrums – vergleichbar mit einem Regenbogen, dessen Einzelbestandteile durch die Lichtbrechung wieder sichtbar werden.

Dennoch haben Verfärbungen und Flecken der Aura natürlich eine Bedeutung – meist weisen sie auf ein bestehendes Problem hin, das sowohl im körperlichen als auch im seelischen Bereich angesiedelt sein kann. Und trotzdem sollten wir uns nicht ausschließlich auf diese Probleme konzentrieren. Denn Menschen ohne Probleme gibt es einfach nicht. Im Idealfall können wir aus Problemen lernen und an ihnen wachsen. Wir bewältigen ein Problem und haben damit auch Fortschritte in unserer spirituellen Entwicklung gemacht.

Bei der Aura-Wahrnehmung sollte allerdings stets im Auge behalten werden, dass ein Mensch nicht sein Problem und ein Makel in der Aura nicht der Kern des betreffenden Menschen ist. Wenn Sie ein Musikstück hören und ein falscher Ton gespielt wird, werden Sie auch nicht ausschließlich diesen Ton herausnehmen, um die Qualität und Tiefe des Musikstückes zu beurteilen.

Die ideale, reine, »unverschmutzte« Aura gibt es nur höchst selten. Als Menschen sind und bleiben wir von Problemen befrachtet.

Seien Sie bei der Wahrnehmung der Aura also nicht zu sensibel. Bleiben Sie bei Farbflecken und schwarzen oder weißen Stellen in der Aura gelassen und folgen Sie Ihrer Intuition. Ihr Gefühl sagt Ihnen meist schnell, was Ihre Wahrnehmung bedeutet: Ist Ihnen die Verfärbung unangenehm? Was löst die Wahrnehmung bei Ihnen aus? Kommt das unangenehme Gefühl wirklich von der Aura des anderen Menschen oder hat es seine Wurzel in Ihnen selbst? Diese wichtigen Fragen werden Sie weiterführen.

Versuch einer Deutung

Wenn Sie Farbverschmutzungen oder Unreinheiten einer Aura entdecken, sollten Sie methodisch vorgehen und versuchen, festzustellen, welches Thema die Farbe der betreffenden Unreinheit andeutet. Die Unreinheiten können auch durch Farben der höheren Aura-Ebenen zustande kommen. Wenn Sie beispielsweise blaue Verfärbungen in der dritten Aura-Schicht, Manomaya Kosha, sehen, könnte das darauf hinweisen, dass die Gedanken des betreffenden Menschen nicht im Hier und Jetzt weilen, sondern verwirrende Vorstellungen über spirituelle Dinge (z. B. Aberglaube) den Geist beeinträchtigen.

Denken Sie aber auch daran, dass die scheinbaren Unreinheiten ebenfalls ein Zeichen für eine positive Entwicklung sein können. Im Falle des vorigen Beispiels bedeutet dies: Die blauen Verfärbungen können nicht nur auf verwirrende Gedanken hinweisen, sondern sie können auch zeigen, dass die Gedanken sich in positiver Weise mit dem Spirituellen befassen – als Vorbereitung auf das Fühlen und Erleben des Spirituellen. Behalten Sie also stets die ganze Aura, den ganzen Menschen im Auge, auch wenn Sie Einzelheiten beurteilen wollen.

Versuchen Sie, immer ganzheitlich zu denken, ein Problem also nicht isoliert zu betrachten. Nur so werden Sie der Aura in ihrer erstaunlichen Vielfältigkeit gerecht.

Die Form der Aura

Die Gestalt der ersten drei Aura-Körper oder Aura-Schichten – Annamaya Kosha, Pranamaya Kosha und Manomaya Kosha – gleicht in der Regel der jeweiligen physischen Gestalt – diese Schichten ragen lediglich ein wenig über den physischen Körper hinaus. Je höher die Aura-Ebene, desto mehr nähert sich der Aura-Körper einer Sphäre (Kugel) an. Von dieser natürlichen Form gibt es jedoch auch Abweichungen. An manchen Stellen scheint die Aura »Löcher« zu haben, während sie sich an anderen Stellen nach außen wölbt. Diese Abweichungen sind im Gegensatz zu den Farben und vielen anderen Aura-Wahrnehmungen leicht zu verstehen: Ein »Loch« weist auf einen Energiemangel hin, während eine Auswölbung Energieüberschuss signalisiert.

Beide Formabweichungen sind Abweichungen vom Idealzustand, zeigen also immer ein Problem an – was aber nicht automatisch Krise bedeutet. Abweichungen vom Ideal sind bis zu einem gewissen Grad ganz normal – niemand ist perfekt. Folgen Sie Ihrer Intuition und Ihrem gesunden

Abweichungen vom Idealzustand

Einige Abweichungen in der Aura kommen häufiger vor als andere. So wölbt sich die Aura über den Chakras beispielsweise immer ein wenig – hier zentriert sich ja auch die meiste Energie. Und wenn diese Energie nicht vollkommen frei von Blockaden fließt, zeigt sich das natürlich in der Aura.

Ebenfalls recht häufig, insbesondere in der westlichen Welt, ist eine Einbuchtung des Sahasrara-Chakras (Kronen- oder Scheitelchakras), die darauf hinweist, dass spirituelle Energien unterdrückt werden.

Form	Bedeutung
Vertiefung	Energiemangel
Erhöhung	Energieüberschuss
Ecken, Spitzen	Disharmonie, Energieverlust
Kugel, runde Formen	Harmonie

Menschverstand: Wenn Sie ein tiefes Loch in der Aura wahrnehmen oder eine Hervorwölbung, die das gesamte Aura-Bild verzerrt, liegt sicherlich ein Problem vor, an dem gearbeitet werden sollte.

Veränderungen in der Aura – seien es farbliche Abweichungen oder Abweichungen in der Form – sind immer durch einen veränderten Fluss der Energie bedingt.

Übergänge und Fluktuationen

Wenn Sie verschiedene Schichten in der Aura wahrnehmen können, ist es empfehlenswert, auch auf die Übergänge zwischen diesen Schichten zu achten. Dabei gibt es drei Stufen:

- Auf der ersten Stufe sind die Übergänge zwischen den einzelnen Schichten der Aura verschwommen. Es ist keine klare Grenze zwischen den Schichten festzustellen. Dies ist gewissermaßen der Normalzustand, d. h. das, was Sie am häufigsten sehen werden.
- Wenn die Energien im Großen und Ganzen ungestört und ohne Blockaden fließen, werden die Schichten des Ätherleibes deutlicher sichtbar: In diesem Fall können Sie die verschiedenen Ebenen der Aura am besten ausmachen.

Zwischen den Aura-Schichten

An den Übergängen zwischen den einzelnen Aura-Schichten können Sie zwar nicht konkrete Probleme, aber den spirituellen Fortschritt eines Menschen erkennen.

Schichtübergang	Bedeutung
Klar getrennte Schichten	Spirituelle Klarheit
Stufenloser Übergang	Spiritueller Fortschritt
Verschwommener Übergang	Spirituelle Suche

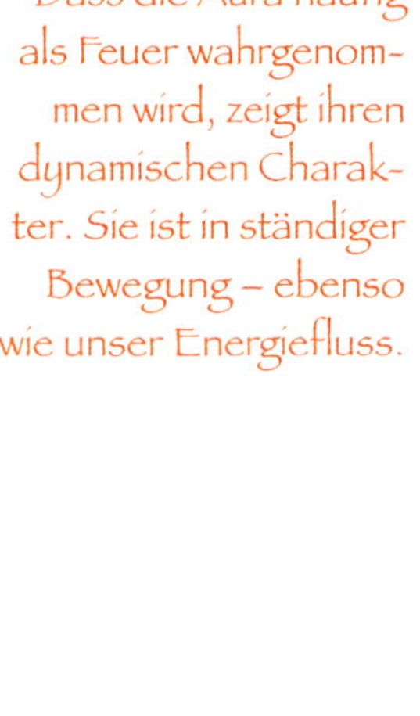

Dass die Aura häufig als Feuer wahrgenommen wird, zeigt ihren dynamischen Charakter. Sie ist in ständiger Bewegung – ebenso wie unser Energiefluss.

- Auf der dritten Stufe ist das Energiesystem ebenfalls frei von Blockaden und Störungen und der betreffende Mensch schreitet auf dem spirituellen Weg immer weiter voran. Dann gehen die einzelnen Aura-Schichten allmählich wieder ineinander über – allerdings auf eine ganz andere Art und Weise, als beim spirituell wenig entwickelten Menschen: Die Übergänge werden fließend, eine Ebene geht nahtlos in die andere über.

Dynamische Vorgänge

Bisher wurde im Großen und Ganzen von mehr oder weniger statischen Phänomenen der Aura-Wahrnehmung gesprochen: welche Farben und Formen Sie wahrnehmen. Es gibt aber auch dynamische Vorgänge in der Aura. Unsere Gefühle, unsere Gedanken und wir selbst sind ständig in Bewegung – eines der Kennzeichen des Lebens.

Immer, wenn die Aura-Wahrnehmung die erste Stufe überschreitet, in der die Aura als eine Schicht erscheint, wird auch die Aktivität der Aura wahrgenommen. Mitunter ist das sogar schon bei den ersten Aura-Wahrnehmungen der Fall. Die Aura strahlt, das bedeutet, sie wird nicht als statische Hülle, sondern als »Flammenkleid« gesehen. Das ist kein ungewöhnliches Phänomen, ganz im Gegenteil. Es gehört zu einer Aura, dass sie lebt – und das bedeutet, dass sie ständig in Bewegung ist.

Die Aura eines gesunden, spirituell entwickelten Menschen zeigt diesen Flammencharakter am deutlichsten an den Übergängen zwischen den einzelnen Ebenen.

Abweichungen von dieser in der Regel als »Flammenkleid« wahrgenommenen Aura weisen meist auf Probleme hin:

- Keine wahrnehmbare Bewegung: Dies weist auf schwere körperliche Erkrankungen hin, die alle Energie nach innen ziehen, beispielsweise auf schwere Depressionen.
- Starke Bewegung, die eine oder sogar mehrere Aura-Schichten umfasst: Dies weist auf körperliche, seelische oder auch spirituelle Krisen hin.
- Pulsieren der Aura: Dies tritt meist kurz vor einer wichtigen seelischen Entwicklung auf.

Alle diese Phänomene müssen nicht die ganze Aura betreffen, sie können auch an bestimmten Stellen auftreten – was Ihnen wiederum einen Hinweis auf die tieferen Ursachen der jeweiligen Problematik geben kann.

Wird in der Aura gar keine Bewegung wahrgenommen, weist dies auf eine gefährliche Blockade hin, die auch in einer körperlichen Erkrankung zum Ausdruck kommen kann.

Keine Aura ist wie die andere. Je nach Fluss der Energie kann die Aura weiße oder schwarze Flecken, Eindellungen oder sogar »Löcher« aufweisen. All diese Erscheinungen sind kein Grund zur Beunruhigung, sondern lediglich ein Hinweis auf individuelle Energiebewegungen.

Aura-Tasten

Die Begabung zum Aura-Heiler hat nicht jeder. Überschätzen Sie sich nicht und muten Sie sich nicht zu viel zu – Sie übernehmen als Heiler eine große Verantwortung für Ihr Gegenüber.

Wenn Sie die Aura sehen, hören oder sogar fühlen, sind Sie zunächst einmal nur Beobachter. Ganz anders verhält es sich, wenn Sie die Aura mit Ihren Händen (oder Ihrem Geist) ertasten; dann verlassen Sie Ihren Beobachterposten und treten in direkten Kontakt.

Wenn Sie mit der Aura eines anderen Menschen in eine direkte Verbindung treten, findet ein Energieaustausch statt, und zwar in beide Richtungen: von Ihrer Aura zu der Ihres Gegenübers und umgekehrt. Dieser Energieaustausch ist umso größer, je enger die Verbindung ist. Und wenn Sie die Einzelheiten der Aura eines anderen Menschen ertasten, wird die Verbindung zwangsläufig eine enge sein.

Um nicht ungewollt negative Energien Ihres Gegenübers aufzunehmen bzw. negative Energien auf Ihren Partner zu übertragen, sollten Sie immer eine Schutzübung durchführen, bevor Sie eine solch enge Verbindung aufbauen. Die entsprechende Übung finden Sie auf Seite 74f.

Wenn Sie bereits gute Fähigkeiten im Aura-Tasten entwickeln konnten, ist es so gut wie sicher, dass Sie auch eine Begabung als Heiler haben. Gehen Sie mit dieser Begabung verantwortungsvoll um! Die Menschen, die Sie behandeln, werden in aller Regel seelisch oder körperlich leiden – nehmen Sie Kontakt mit deren Aura auf, ist es notwendig, Ihre eigene Aura zu schützen. Weitere Übungen dazu finden Sie im Kapitel »Aura-Heilen« (siehe Seite 139ff.).

Temperatur der Aura

Temperatur	Energie	Mögliche Bedeutung
Heiß	Überschuss	Geistige, seelische oder körperliche Erregungszustände; der Körper wehrt sich gegen eine Krankheit; spiritueller Durchbruch (es steht sehr viel Energie zur Verfügung)
Warm	Gleichgewicht	Normalzustand der Aura
Kühl	Mangel	Geistiger oder seelischer Rückzug; Depression; beginnende oder ausklingende Krankheit
Kalt	Blockade	Geistige, seelische oder körperliche Krise; Tumor, schwerer Verlust

Tastwahrnehmungen sind direkter als Wahrnehmungen über die Augen oder die Ohren. Daher wird die Bedeutung einer Wahrnehmung für Sie in den meisten Fällen im wahrsten Sinne des Wortes auf der Hand liegen. Dennoch werden Sie bei den ersten Erfahrungen, die Sie mit dem Aura-Tasten machen, überrascht sein über die Vielfalt der möglichen Wahrnehmungen. Lassen Sie sich nicht verunsichern.

Wärme

Wärme ist Energie. Wenn Sie die Aura eines anderen Menschen spüren, ist wahrscheinlich das Erste, was Sie wahrnehmen, ein Wärmegefühl – denn die Aura ist in erster Linie ein Energiephänomen. Wenn Sie die Aura eines Menschen abtasten, werden Sie möglicherweise spüren, dass die Temperatur nicht an allen Stellen gleich ist. Vielleicht sind manche Stellen wärmer oder fühlen sich sogar heiß an, vielleicht verspüren Sie an manchen Stellen aber auch Kühle oder Kälte. Was Sie da spüren, ist ganz direkt die Stärke der Energie der Aura.

Die gefühlte Temperatur der Aura hat zwar nur wenig mit der messbaren Hauttemperatur zu tun, Zusammenhänge existieren allerdings schon. Wenn Sie die Aura eines Menschen ertasten, der gerade Fieber hat oder der vom Sport kommt, werden Sie sicherlich auch die Aura wärmer spüren, da die grobstoffliche Wärmestrahlung des Körpers Ihre feinstoffliche Wahrnehmungen überlagert. Wenn Sie die Aura wahrnehmen, sollten Sie immer mit ganzem Herzen, aber eben auch mit wachem Verstand bei der Sache sein.

Am Anfang wird es Sie vielleicht überraschen oder auch erschrecken, dass Sie die Aura auch ganz konkret physisch als kalt oder warm, trocken oder feucht wahrnehmen können. Lassen Sie sich nicht beirren und versuchen Sie, sich auf alles Neue einzulassen.

Vibration

Häufig kommt es beim Ertasten der Aura auch zu dem Eindruck, die Aura vibriere. Vielleicht sind Sie beunruhigt, wenn Sie diese Vibration das erste Mal spüren. Doch sie ist ganz natürlich: Eine gesunde Aura vibriert – die Bewegung ist ein Zeichen dafür, dass ein Energieaustausch stattfindet. Achten Sie darauf, ob Sie die Vibration als angenehm empfinden. Ihr Gefühl sagt Ihnen meist das Richtige.

Falls Sie jedoch das Gefühl haben, dass das Vibrieren unharmonisch oder gar schmerzhaft ist, kann das zwei Ursachen haben. Meist ist ein unharmonisches Vibrieren ein Anzeichen dafür, dass Ihre eigene Aura und die des Menschen, mit dessen Aura Sie in Verbindung treten, nicht miteinander harmonieren. Das kann auf eine unterschwellige Abneigung – die von Ihnen, von Ihrem Partner oder von beiden ausgeht – zurückzuführen sein. Wenn Sie dies spüren, ist es sinnvoll, die Verbindung vorerst abzubrechen. Versuchen Sie, bei sich selbst nachzuspüren, ob Sie eine unbewusste Aggression gegen diesen Menschen hegen. Es ist eventuell auch sinnvoll, mit dem Betreffenden ein klärendes Gespräch zu führen.

Eine weitere Ursache für ein unharmonisches Vibrieren der Aura kann aber auch ein innerer Konflikt Ihres Partners sein. Dieses Phänomen tritt häufig dann auf, wenn der rationale Verstand und die spirituelle Weisheit nicht miteinander in Einklang stehen oder sich geradezu bekämpfen. Wenn Sie sich einigermaßen sicher sind, dass dies die Ursache Ihrer Wahrnehmung ist, können Sie Ihrem Partner helfen, indem Sie in Kontakt bleiben – Ihre Aura hilft Ihrem Gegenüber dabei, zu einem harmonischeren Zustand zu finden.

Ihre Gefühle für denjenigen, dessen Aura Sie wahrnehmen, fließen in diese Wahrnehmung immer mit ein. Dessen sollten sich vor allem Aura-Heiler bewusst sein.

Struktur

Wenn Sie über die Aura streichen, werden Sie, wenn Sie achtsam sind, eine Struktur feststellen können. Die Aura erscheint beispielsweise glatt oder rau. Achten Sie auf die Gefühle, welche die Wahrnehmung bei Ihnen auslöst. In der Tabelle unten finden Sie einige Orientierungshilfen, die Ihnen helfen können, wenn Sie unsicher sind. Wenn Ihr Gefühl Ihnen jedoch etwas anderes sagt als die unten aufgeführte mögliche Bedeutung, hat mit großer Wahrscheinlichkeit Ihr Gefühl Recht!

Struktur der Aura

Struktur	Mögliche Bedeutung
Glatt, rund	Gesund, harmonisch
Rau, fest	Gesund, aktiv, gespannt
Kantig	Energieblockaden, Energieüberschüsse; manchmal seelisches, häufiger aber körperliches Leiden
Glatt, schleimig	Manchmal körperliches, häufiger aber geistig-seelisches Leiden

Konsistenz der Aura

Konsistenz	Mögliche Bedeutung
Hart	Energieblockaden
Weich	Energieverlust
Elastisch, nachgiebig	In Harmonie

Denken Sie daran, dass es mehrere Aura-Schichten gibt. Es kann gut sein, dass sich die Wahrnehmung der Aura-Struktur (und natürlich auch der anderen Tastwahrnehmungen) von einer Schicht zur anderen unterscheidet. Das gibt Ihnen wertvolle Hinweise auf Ursachen eventueller seelischer oder körperlicher Probleme.

Konsistenz

Neben einer Struktur können Sie bei einer Aura auch eine Konsistenz feststellen, wenn Sie die Aura abtasten. Dazu ist es nötig, dass Sie Ihre Hände in kleinen, kaum wahrnehmbaren Bewegungen auf und ab führen, so als prüften Sie die Festigkeit eines Luftballons. Gehen Sie dabei allerdings noch wesentlich sanfter vor, sonst geraten Sie möglicherweise in eine andere Schicht der Aura. Auch hier sollten Sie vor allem auf Ihre Gefühle achten. Bei der Aura-Konsistenz gibt es nur wenige unterschiedliche Möglichkeiten – prüfen Sie vor allem, ob Ihnen die Aura zu hart oder zu weich vorkommt (siehe Tabelle oben).

Manchmal kann der Gebrauch eines Sinnes auch die anderen Sinne wecken. Es kommt zu synästhetischen Wahrnehmungen, so geht beispielsweise die gefühlte Konsistenz der Aura mit Klangphänomenen einher.

Aura-Hören

Das Aura-Hören ist eine Fähigkeit, die Ihnen viel über die Aura sagen kann – allerdings ist es sehr schwer, Einzelheiten zu beschreiben. Harmonien, Obertonschichtungen, rhythmische Strukturen und musikalische Themen lassen sich kaum in Worte fassen. Im Folgenden sei daher nur kurz auf einige mögliche Wahrnehmungen hingewiesen. Ihre Intuition wird Ihnen sicherlich noch mehr sagen können.

Die Fähigkeit zum Aura-Hören haben nur die wenigsten Menschen. Das sollte Sie jedoch nicht davon abhalten, es zu versuchen!

- Klang: Auch wenn Sie sich für nicht musikalisch halten, aber die Fähigkeit zum Aura-Hören haben, werden Sie am Gesamtklang hören, ob die Aura harmonisch ist oder nicht. Je ausgewogener der Klang, desto besser ist der Fluss der Energie. Die tiefen Töne der ersten Schichten bilden die Grundlage für die hohen, glöckchengleichen Klänge der höheren Ebenen.
- Geräusche: In der Regel weisen Geräusche auf Störungen im Energiefluss hin.
- Harmonien: Ist die Aura harmonisch entwickelt, sind es auch die Harmonien. Dissonanzen im Klang der Aura zeigen meist Probleme im körperlichen oder seelischen Bereich an. Je tiefer der dissonante Ton, desto niedriger die betroffene Aura-Ebene.
- Melodie und Thema: Die Aura ist nicht statisch; die Energie ist in Bewegung. Daher bleibt der Klang nicht bei einer Harmonie stehen. Ist die Aura gut entwickelt, können Sie oft eine Melodie heraushören, die das spirituelle Lebensziel des Betreffenden wiedergibt. Manchmal ist die Melodie sprunghaft und atonal – das zeigt ein beharrlich festgehaltenes, aber falsches Lebensziel an.
- Obertöne: Die Obertonschichtungen (d.h. die Klangcharakteristik der Aura) geben ganz genaue Auskünfte auch über die kleinsten Energieblockaden.

Klangschalen eignen sich hervorragend dazu, die Aura-Wahrnehmung über das Gehör zu schulen. Sie erzeugen einen lang anhaltenden Ton, dem Sie möglichst konzentriert folgen sollten.

Aura-Fühlen

Es wäre nicht sinnvoll, Ihnen Interpretationsvorschläge zum Aura-Fühlen zu geben – Ihre Gefühle können nur Sie selbst einordnen. Ich möchte Ihnen daher nur zwei ganz allgemeine Ratschläge geben, die sich scheinbar widersprechen:

- Vertrauen Sie Ihren Gefühlen.
- Stellen Sie Ihre Gefühle infrage.

Der ungezwungene Umgang mit Gefühlen ist uns im westlichen Kulturkreis leider nur allzu oft verloren gegangen. Durch die Aura-Wahrnehmung lernen Sie, Ihre Gefühle wieder besser einzuordnen und zu deuten. Dazu ist manchmal auch Skepsis vonnöten.

Aus anderer Sicht

Das Paradoxe ist bewusst gewählt: Zunächst einmal ist es wichtig, dass Sie sich Ihren Gefühlen ganz und gar öffnen und Ihren Wahrnehmungen vertrauen. Folgen Sie Ihrer Intuition und der Stimme Ihres Herzens. Wenn Sie Ihren Gefühlen sofort misstrauen, werden Sie mit großer Wahrscheinlichkeit in die Irre geleitet werden. Wenn Ihr Gefühl Ihnen jedoch eine Antwort gegeben hat, ist es sinnvoll und wichtig, alles noch einmal von einer anderen Warte aus zu betrachten. Oft stellen sich Menschen die Frage, ob sie eher ihren Gefühlen oder ihrem Verstand trauen sollten – vor allem dann, wenn sich die beiden widersprechen. Auf diese Frage gibt es keine Antwort. Oder vielmehr: Die Antwort geht über die Frage hinaus. Wenn sich Gefühl und Verstand widersprechen, ist dies ein Signal dafür, dass die beiden in keinem harmonischen Verhältnis zueinander stehen. Wenn Sie auf eine solche Disharmonie stoßen, sollten Sie dieser nachgehen, anstatt entweder Verstand oder Gefühl den Vorzug zu geben. Wenn Ihr Gefühl und Ihr Verstand gemeinsam in Harmonie und Freundschaft miteinander arbeiten, sind Sie mit Sicherheit auf dem richtigen Weg – und es wird Ihnen leicht fallen, Verstand und Gefühl zu vertrauen.
Dazu fällt mir folgende Geschichte ein: Ein Mann suchte Meister Vasudeva auf und fragte: »Meister, was soll ich tun? Ich begehre die Frau meines Bruders. Doch weiß ich, dass es nicht recht ist. Ich bin verzweifelt!« Meister Vasudeva blickte ihn mild an und sprach: »Töte deinen Bruder. Brenne sein Haus nieder und entführe seine Frau. Entehre sie und wenn dein Begehren abkühlt, dann verstoße sie.« Der Mann schüttelte empört den Kopf. Der Meister war wohl wahnsinnig geworden! Doch indem er fortging, merkte er, dass sein Begehren erloschen war. Verstand und Gefühl waren wieder eins geworden.

Die Aura entwickeln

Sie können viel tun, um Ihre Aura zu harmonisieren und zum Strahlen zu bringen. Alle meditativen Techniken stärken die Aura ganz von selbst. Sämtliche Yoga-Übungen verbessern Ihre ätherische Ausstrahlung sogar dann, wenn Sie sich beim Üben gar nicht auf Ihre Aura konzentrieren – also gewissermaßen einfach nebenbei. Aber natürlich können Sie auch ganz gezielt vorgehen, um Ihre feinstoffliche Hülle mit neuer Kraft aufzuladen und in Schönheit erstrahlen zu lassen.

Eine starke Ausstrahlung ist für Ihr ganzes Leben wichtiger, als Sie vielleicht denken: Eine kraftvolle Aura schützt Sie beispielsweise vor energieraubenden und aggressiven Menschen und vor destruktiven Stimmungen in Ihrer Umgebung. Auf der anderen Seite ermöglicht sie es Ihnen, lichte Kräfte in die Welt zu senden und auf Ihre Mitmenschen einen harmonischen, friedvollen Einfluss auszuüben. Dies ist besonders in unserer heutigen Zeit sehr wichtig, in der positive Veränderungen für unsere Erde absolut notwendig sind.

Doch das Wichtigste ist, dass eine starke, leuchtende Aura Ihr tiefstes Inneres grundlegend verwandelt und erneuert. Die Aura ist die Emanation Ihres wahren Selbst, Ihrer Seele. Wenn Ihre Aura leuchtet, leuchten Sie, Ihre Persönlichkeit. Denn die Entwicklung der Aura ist zugleich die Entwicklung Ihrer Persönlichkeit. Sie beginnen, Ihr gesamtes Potenzial auszuschöpfen, nicht nur Teile davon. Wenn Sie an Ihrer Aura arbeiten, begeben Sie sich auf den Weg, dessen Ziel der Zustand der Erleuchtung, der Befreiung und der Verwirklichung ist.

Das, was oft als charismatische Ausstrahlung bezeichnet wird, hängt mit einer reinen, energiegeladenen Aura zusammen, die frei von Blockaden ist. Daran kann man arbeiten.

Der erste Schritt – sammeln Sie Ihre Energien!

Dass Sie an Ihrer Aura arbeiten können, ist ganz wörtlich zu verstehen – es gibt zahlreiche Übungen, mit denen Sie Ihre Aura immer weiter entwickeln und vervollkommnen. Dabei lernen Sie, die sieben Tugenden zu pflegen und die drei Hindernisse zu umgehen (siehe Seite 124ff.).

Auf diese Aura-Arbeit sollten Sie sich jedoch zunächst einmal vorbereiten, indem Sie Ihre Energien sammeln und Ihre Aura ganz allgemein stärken und harmonisieren.

Alles, was Ihnen Energien raubt, lässt Ihre Aura im wahrsten Sinne des Wortes zusammenschrumpfen. Andererseits werden alle Maßnahmen, die dazu führen, dass Ihre Lebensenergie frei strömen kann, auch Ihre Aura zum Erstrahlen bringen. Meiden Sie Menschen, die Sie »aussaugen«! Wenn Sie sich nach einer Begegnung mit einem Bekannten, Freund oder Familienangehörigen immer wieder erschöpft und ausgelaugt fühlen, sollten Sie ernsthaft überlegen, den Kontakt eine Zeit lang abzubrechen.

In der Hatha-Yoga-Pradipika, einer wichtigen Yogaschrift, heißt es: »Zu viel Essen und Anstrengungen, zu viel Gerede oder Gelübde, falsche Übung und schlechte Menschen, diese sechs schaden der Befreiung der Seele.« Und sie schaden auch der Entwicklung Ihrer Aura und Ihrer Chakras. Meiden Sie alles, was Ihnen Ihre so wertvollen Lebens- und Entfaltungskräfte raubt – schlechte Nahrung, Stress, Überarbeitung, unnötiges Gerede und anstrengende Menschen.

So stärken Sie Ihre Aura

Positive Einflüsse	**Negative Einflüsse**
Mäßigung	Askese, Völlerei, Übertreibungen jeglicher Art
Achtsamkeit	Unaufmerksamkeit
Positive Gedanken, Gefühle und Taten	Lügen, Hass, Neid, Lieblosigkeit
Pflege des Körpers und der Seele	Vernachlässigung des Körpers und der Seele
Bewegung in der Natur	Bewegungslosigkeit, schlechte Luft, Leistungssport
Loslösen von Begierden und materiellem Streben	Leistungsstreben, Verstrickung in Verantwortlichkeiten und Pflichten
Sinnvolle Tätigkeiten, bei denen Sie mit dem Herzen dabei sind	Anstrengende Arbeit, die keine Freude macht
Umgang mit Menschen, die ebenfalls nach geistigen Zielen streben	Umgang mit Menschen, die zu schlechten Angewohnheiten verführen
Schweigen, erhebende Gespräche	Unnötiges Reden über Alltägliches
Freude, Lächeln, Heiterkeit	Schadenfreude, Missmut

Mit dieser Übung können Sie Ihre Aura stärken und mit neuer Energie aufladen. Bewegung und Atmung sollten dabei in harmonischem Fluss sein.

Die Aura aufladen

Die folgende Übung dient dazu, Prana aufzunehmen und der Aura mehr Energie zuzuführen – dabei werden oft schon schwache Stellen und Verletzungen der Aura ausgeglichen. Die Folgen können ausgesprochen tiefgreifend und überraschend sein: Es kann geschehen, dass Sie plötzlich, ohne sich darum zu bemühen, das Rauchen oder eine andere schlechte Angewohnheit aufgeben; dass Sie sensibler gegenüber Ihren Mitmenschen werden oder dass sich lange verdrängte Probleme wie von selbst lösen.

Eine »gesunde« Aura wirkt sich auf viele Bereiche unseres Lebens aus. Meist ahnen wir die Zusammenhänge nicht einmal.

- Stellen Sie sich mit weit gegrätschten Beinen aufrecht hin. Achten Sie darauf, dass Ihre Fußsohlen den Boden mit der ganzen Fläche berühren. Die Fußspitzen weisen leicht nach außen. Entspannen Sie Gesicht und Schultern und lassen Sie Arme und Hände passiv neben dem Körper nach unten hängen.
- Spüren Sie die Verbindung zum Boden; wenn Sie die Knie nicht ganz durchstrecken, sondern ein klein wenig beugen, kann die Energie aus der Erde besser in Ihren Körper strömen.
- Verbinden Sie Ihre Atmung nun mit einer Bewegung der Arme – dabei sollten Sie ausschließlich durch die Nase atmen! Atmen Sie zunächst

tief aus. Mit dem Einatmen heben Sie die Arme seitlich nach oben und drehen die Handflächen gleichzeitig nach vorne. Heben Sie die Arme in einer langsamen, aber fließenden Bewegung so weit, bis sie über den Kopf gestreckt sind – in der Zielstellung legen Sie die Handflächen aneinander, die Finger weisen dabei nach oben. In dieser gestreckten Stellung atmen Sie aus (siehe Abbildungen Seite 117).

- Mit dem nächsten Einatmen lösen Sie die Handflächen voneinander und lassen die Arme wieder neben dem Körper nach unten sinken. Entspannen Sie Arme und Hände – hier ist die Ausgangsstellung wieder erreicht – und atmen Sie aus.

Um einen Zyklus zu vollenden, heben Sie also die Arme und strecken sie nach oben, anschließend lassen Sie sie wieder sinken, bis sie passiv neben dem Körper hängen. Sowohl bei der Aufwärts- als auch bei der Abwärtsbewegung atmen Sie tief ein, am oberen und unteren Zielpunkt atmen Sie tief aus. Wiederholen Sie diesen Zyklus insgesamt siebenmal.

Die Visualisierung ist ein wichtiges Hilfsmittel vieler Entspannungstechniken. Sie schult Geist, Vorstellungskraft und Konzentrationsfähigkeit.

Innere Bilder – spiritueller Aspekt der Übung

Um Ihre Aura mit Energie aufzuladen, genügt es nicht, sich auf die Bewegung der Arme zu konzentrieren – vielmehr geht es darum, auch die Vorstellungskraft und die bewusste Atmung mit einzubeziehen. Führen Sie die Übung daher mit geschlossenen Augen durch und arbeiten Sie mit den folgenden inneren Bildern:

- Wenn Sie die Arme von unten nach oben führen, stellen Sie sich vor, wie Sie die Energie der Erde in Ihren ganzen Körper aufnehmen.
- Wenn die Arme über den Kopf gestreckt sind und Sie ausatmen, stellen Sie sich vor, wie diese Erd-Energie Ihre Aura mit Kraft erfüllt.
- Wenn Sie die Arme nach unten führen und einatmen, stellen Sie sich vor, wie Ihr materieller und Ihr ätherischer Leib lichte Energie aus dem Universum aufnehmen.
- Wenn Sie die Arme passiv hängen lassen und ausatmen, stellen Sie sich vor, wie diese universelle Energie in Ihre Aura strömt und Ihr ganzes Sein mit Kraft erfüllt.

Lassen Sie alle vier Phasen dieser Übung zu einer großen fließenden Bewegung werden. Achten Sie vor allem darauf, dass die Arme sich langsam und sanft bewegen und dass der Atem nicht gestaut wird. Nachdem Sie den Zyklus siebenmal wiederholt haben, sollten Sie sich kurz auf den Rücken legen und den Wirkungen der Übung nachspüren.

Beobachten Sie, ob sich etwas verändert hat: Fühlen Sie sich unbeschwerter, vitaler oder entspannter als vor der Übung? Konnten Sie Ihre Aura wahrnehmen? Wie fühlt sich Ihr Körper jetzt an? Haben sich auch Ihre Gedanken oder Gefühle verändert?

Bei allen Aura-Übungen ist Stille eine unabdingbare Voraussetzung. Schaffen Sie sich einen speziellen Raum für diese Übungen, in denen auch Ihr Geist leichter zur Ruhe kommen kann.

Licht in die Aura schicken

Die vorherrschende Qualität der Aura ist Licht. Je heller, lichter und strahlender Ihre Aura ist, desto besser schützt sie Sie vor negativen Einflüssen von außen. Durch die Macht Ihres Vorstellungsvermögens können Sie die Aura reinigen und von allen belastenden Einflüssen befreien.
Die folgende Übung ist der vorangegangenen in mancherlei Hinsicht ähnlich. Hier werden jedoch höhere Ebenen aktiviert. Sie haben also mehr von dieser Übung, wenn Sie bereits etwas Erfahrung mit dem Aufladen der Aura haben.

- Setzen Sie sich bequem auf einen Stuhl oder auf den Boden.
- Schließen Sie die Augen und entspannen Sie sich – lassen Sie alle Gedanken und Gefühle los, die sich um Alltagsprobleme drehen.
- Lenken Sie Ihr Bewusstsein ganz auf das Hier und Jetzt.
- Lassen Sie den Atem frei strömen, ohne ihn zu beeinflussen. Nutzen Sie den Atem nur, um Ihre Vorstellungskraft zu unterstützen.
- Diese Übung hat zwei Phasen: Bei der Einatmung nehmen Sie Licht aus dem Universum auf, bei der Ausatmung lassen Sie das Licht in Ihre Aura strahlen:
  - Bei jedem Einatmen stellen Sie sich vor, wie Sie Licht und Energie aus dem Universum aufnehmen. Sehen Sie vor Ihrem inneren Auge, wie dieses heilende Licht von oben kommend in Sie einströmt, wie es durch Ihren Kopf in den Brustraum strömt und sich im Anahata-Chakra (Herzchakra) sammelt.
  - Beim Ausatmen stellen Sie sich vor, wie das Licht vom Herzzentrum aus in Ihren gesamten Körper und von dort aus in Ihre Aura hineinstrahlt.
- Atmen Sie insgesamt siebenmal ein und aus. Währenddessen sollten Sie sich möglichst bildhaft vorstellen, wie Sie Licht von oben aufnehmen, es in Ihrem Herzchakra sammeln und es dann in die Aura senden. Strengen Sie sich dabei jedoch nicht an und verkrampfen Sie sich nicht. Bleiben Sie ganz entspannt.

Falls es Ihnen anfangs schwer fällt, die Vorstellung von Licht zu erzeugen, können Sie das Licht auch in Form gelber Strahlen visualisieren, die über Ihr Herzzentrum in Ihre Aura scheinen. Die Vorstellungskraft lässt sich schnell entwickeln. Mit etwas Geduld werden die inneren Bilder immer farbiger und leuchtender werden.

Das beste Anzeichen dafür, dass Sie mit dieser Technik auf dem richtigen Weg sind, ist, dass Ängste und Belastungen schwinden und Sie sich immer freier, lebendiger und wohler fühlen. Es ist nicht nötig, die Übung länger als über sieben Atemzüge durchzuführen: Nicht die Dauer, sondern die Intensität entscheidet über die Wirksamkeit. Wichtig ist, dass Sie mit ganzem Herzen bei der Übung sind und sie nicht mechanisch ausführen.

Vielleicht ist es Ihnen möglich, sich ein spezielles Meditationszimmer einzurichten. Es sollte ein Raum sein, in dem Sie sich absolut wohl fühlen und in dem nichts steht, was Sie in Ihrer Konzentration beeinträchtigen könnte (Fernseher, Telefon u.Ä.).

Die Aura reinigen

Mit der Übung »Licht in die Aura schicken« (siehe Seite 121) haben Sie bereits eine Möglichkeit zur Reinigung Ihrer Aura kennen gelernt. Die folgende Übung geht noch etwas weiter. Sie ist erst dann sinnvoll, wenn Sie bereits Erfahrungen mit der Aura gewonnen haben und Ihre Aura gut wahrnehmen können, da Sie die ersten drei Aura-Hüllen einzeln ansprechen. Die höheren Ebenen bedürfen keiner Reinigung.

Die körperliche Bewegung, die Sie bei dieser Reinigungsübung durchführen, dient lediglich dazu, die Vorstellung und die geistig-seelisch-emotionale Bewegung zu unterstützen. Wenn Sie die Aura-Reinigung beherrschen, können Sie sie schließlich nur in der Vorstellung ausführen. Doch machen Sie es sich gerade anfangs nicht unnötig schwer und nutzen Sie die Verbindung der Körperweisheit mit der Vorstellungskraft.

Um die Reinigung zu erlernen, ist es sinnvoll, erst einmal den körperlichen Bewegungsablauf zu üben, bis er flüssig vonstatten geht. Dann wird es einfacher, sich auf die Vorstellung zu konzentrieren.

- Sie stehen mit weit ausgebreiteten Armen da. Die Handflächen weisen nach oben. Versuchen Sie, Ihre Aura möglichst klar wahrzunehmen. Konzentrieren Sie sich auf die dritte Ebene, Manomaya Kosha. Visualisieren Sie strahlendes, goldgelbes Licht in der Mitte Ihrer Handflächen, das von oben in Ihre Hände fließt.
- Lassen Sie die Arme ganz langsam sinken und drehen Sie dabei die Handflächen nach unten. Führen Sie Ihre Hände bis an die äußere Grenze von Manomaya Kosha.

Bei der Übung zur Reinigung der Aura bewegen Sie die Hände entlang der dritten Aura-Schicht nach vorne zum Wurzelchakra (Abbildung links) und anschließend nach oben, an allen Chakras vorbei (Abbildung rechts).

- Bewegen Sie die Hände ganz langsam, immer an der äußeren Begrenzung von Manomaya Kosha, nach vorne, bis die Handflächen zum Muladhara-Chakra (Wurzelchakra) weisen.
- Bewegen Sie nun die Hände ganz langsam nach oben, an allen Chakras vorbei. Achten Sie darauf, immer an der Grenze von Manomaya Kosha zu bleiben. Gehen Sie dabei mit äußerster Achtsamkeit vor und nehmen Sie alle Unebenheiten, Unreinheiten oder Störungen der Aura wahr. Möglicherweise spüren Sie an solchen Stellen einen leichten Widerstand, den Sie überwinden, indem Sie mehr Licht in Ihre Hände senden.
- Sind die Hände über dem Sahasrara-Chakra (Kronen- oder Scheitelchakra) angelangt, drehen Sie die Handflächen nach oben. Visualisieren Sie, wie die bei der Übung gesammelten Unreinheiten vom Universum aufgelöst werden.
- Bewegen Sie die Arme nun in einer zügigen Bewegung nach außen und unten, bis Sie wieder in der Ausgangsstellung angelangt sind. Nun strömen die restlichen negativen Energien von Ihren Händen aus in die Erde zurück. Lassen Sie sich Zeit dafür. Oft hilft es der Vorstellung, wenn Sie die Hände in dieser Position ausschütteln.
- Wiederholen Sie die Reinigung dreimal.

Ihre Bewegungen bei den Übungen sollten immer langsam und kontrolliert, jedoch keinesfalls angespannt oder gar verkrampft sein.

- Gehen Sie anschließend zur nächsten Aura-Ebene, Pranamaya Kosha, um auch diese Ebene zu reinigen. Visualisieren Sie dabei ein orangefarbenes Licht in Ihren Händen.
- Schließlich gehen Sie noch eine Ebene tiefer, zu Annamaya Kosha, der ersten Aura-Schicht. Diesmal visualisieren Sie rotes Licht in Ihren Händen.
- Ist die Reinigung der Aura beendet, sollten Sie sich ausruhen, um der Wirkung der Übung nachzuspüren.

Buddhisten und Hinduisten haben begriffen, dass jede unserer Handlungen eine Konsequenz nach sich zieht und dass man durch entsprechende Handlungen die Folgen positiv beeinflussen kann. In den westlichen Industrieländern handeln viele Menschen nach dem Prinzip »Nach mir die Sintflut« – ohne die Folgen für den eigenen Körper und die eigene Seele abschätzen zu können.

Sollten Sie noch nicht in der Lage sein, die Aura-Ebenen zu unterscheiden, können Sie die Übung dennoch – wenn auch nicht mit derselben hohen Wirksamkeit – durchführen. Führen Sie die Reinigung siebenmal durch und visualisieren Sie dabei orangefarbenes Licht.

Karma – das Gesetz von Ursache und Wirkung

Im Buddhismus und Hinduismus spielt der Begriff »Karma« eine wichtige Rolle. Karma ist das Gesetz von Ursache und Wirkung. Es besagt nichts anderes, als dass alles, was wir tun, Wirkungen hat: Wenn Sie jeden Tag viele fettige Speisen essen, werden Sie Übergewicht bekommen – das ist Karma, das schnell erfahrbar wird. Wenn Sie sich in Ihrem jetzigen Leben unfair verhalten und andere Menschen betrügen, wird auch dies Konsequenzen haben, und zwar schlimmere Konsequenzen als Übergewicht – Ihre Seele nimmt Schaden. Es ist dann auch wahrscheinlich, dass Sie in Ihrem nächsten Leben von anderen Menschen betrogen werden. Diese Art von Karma tritt leider erst sehr spät zutage – zu spät, als dass der betreffende Mensch die Zusammenhänge erkennen könnte.

Für ein gutes Karma zu sorgen ist der wohl wichtigste Schritt für die spirituelle Weiterentwicklung. Gute Taten sind eine Möglichkeit, das Karma günstig zu beeinflussen. Noch wichtiger ist es jedoch, durch spirituelle Übungen Einfluss auf den Astralkörper zu nehmen. Dadurch können edle Eigenschaften wie Güte, Liebe, Frieden und Klarheit schnell entwickelt und negative Dinge wie Sorgsucht, Grübelei, Ängste, Hass und dergleichen gründlich gelöscht werden.

Wenn die Energie frei durch Ihren Astralkörper fließen kann, wird dies sehr positive Auswirkungen auf Ihre Persönlichkeit, Ihre Ausstrahlung und damit auch auf Ihre Taten und Ihr Karma haben. Umgekehrt werden sich aber auch Ihre guten Taten auf Ihre Aura und somit auf Ihre Seele auswirken und sie von Unreinheiten befreien.

Yama und Niyama – zehn Schritte auf dem Weg zum Glück

In seinen Yoga-Sutras (*Sutra* kommt aus dem Sanskrit und bedeutet Leitfaden) fasste der indische Weise Patanjali die wichtigsten ethischen Yoga-Regeln zusammen. Seine zehn Empfehlungen bilden einerseits die Voraussetzung für jeden, der sich ernsthaft dafür entschieden hat, einen spirituellen Weg zu gehen; zum anderen ist das Befolgen von Yama und Niyama auch für sich genommen eine wunderbare Methode, um glücklich zu werden.

Erfahrungsgemäß ist es auch für jede Form von Energiearbeit sehr hilfreich, Yama und Niyama zu berücksichtigen. Oft entstehen seelische Blockaden, die Sie an der Entfaltung Ihres Potenzials hindern, durch eine ungünstige Lebensweise. Im Alltag gibt es viele Möglichkeiten, Yama und Niyama in die Praxis umzusetzen und sich immer wieder an diesen Regeln zu orientieren.

Auch die Zehn Gebote des christlichen Glaubens können nach wie vor als moralischer Leitfaden dienen.

- Die fünf Yamas – »Verbote« oder »Regeln der sittlichen Disziplin«
  1. Verzicht auf Gewalt
  2. Verzicht auf Lügen und Betrug
  3. Nicht-Stehlen
  4. Mäßigung in allen Dingen
  5. Nicht-Begehren
- Die fünf Niyamas – »Gebote« oder »Regeln der Selbstdisziplin«
  1. Reinheit des Körpers
  2. Zufriedenheit
  3. Genügsamkeit
  4. Studium spiritueller Schriften
  5. Bewusste Ausrichtung auf das Göttliche

Die drei Hindernisse und die sieben Tugenden

Die Yamas und Niyamas des indischen Weisen Patanjali sind ein wertvoller Leitfaden für die spirituelle Entwicklung jedes Einzelnen. Für den westlichen Menschen und die heutige Zeit bedarf es jedoch noch konkreterer und ausführlicherer Hinweise. Im Folgenden sollen daher die drei größten Hindernisse auf dem Weg zur spirituellen Reife sowie die sieben wichtigsten Tugenden, die den Weg dorthin erleichtern, etwas genauer erläutert werden.

Möglicherweise muten die Erläuterungen der Tugenden und Hindernisse etwas zu philosophisch für ein Praxisbuch an. Doch letztlich werden Sie Ihre Aura nur zum Strahlen bringen, wenn Sie diese Tugenden kultivieren und die Hindernisse überwinden. Es geht hier also durchaus um die alltägliche Praxis des spirituellen Lebens. Dafür müssen Sie weder Heiliger noch Weiser, weder Mönch noch Nonne sein. Denn das spirituelle Leben *ist* das alltägliche Leben – nur dass dieses um eine entscheidende Dimension erweitert ist.

Hass zerstört nicht nur das, was wir hassen – Hass zerstört auch den, der hasst und macht ihn im wahrsten Sinne des Wortes hässlich.

Die drei Hindernisse vermeiden

Die drei größten Hindernisse auf dem Weg zur spirituellen Reife sind Hass, Neid und Ichbezogenheit. In der buddhistischen Lehre tauchen die drei Hindernisse in ähnlicher Form, und zwar als die »Drei Fehler«, auf: als Aggression, Begierde und Unwissenheit (Illusion). Die drei Hindernisse stellen keine beliebige Auswahl aus der Vielzahl an möglichen negativen Verhaltensweisen dar. Überlegen Sie, welche weiteren Hindernisse Ihnen einfallen – und Sie werden feststellen, dass sie alle ihre Wurzel in Hass, Neid oder Ichbezogenheit haben.

Hass

Wie zerstörerisch Hass wirkt, hören wir leider jeden Tag. Kriege, Gewaltverbrechen und andere Gräuel scheinen zum Alltag zu gehören. Und ein Übel gebiert das andere – Hass hat stets eine Vielzahl von Nachkommen. Ein Mensch wird ermordet und bald darauf erheben sich hasserfüllte Stimmen, die nach Rache schreien und nun wiederum den Mörder töten wollen. Dabei sind die Rachegefühle durchaus verständlich; sie sind der Ausdruck eines tiefen Schmerzes, eines großen, unnötigen Verlustes und der Unbegreiflichkeit der Tat.

Doch wem schadet der Hass? Wenn der Mörder hingerichtet wird, ist dann das Leid, das er verursacht hat, aus der Welt geschafft? Sind durch den Tod des Mörders die Angehörigen des Opfers glücklichere Menschen geworden? Wahrscheinlich nicht. Indes leiden nun auch noch die Angehörigen des Mörders. Man mag diesen als bösen Mensch bezeichnen, doch wenn er gestorben ist, leiden dann nicht seine Mutter und seine Kinder mehr unter seinem Tod als er selbst? Kann überhaupt ein Leiden ein anderes aufheben?

Indem wir hassen, vergiften wir unsere Seele und erzeugen wiederum Hass. Das trifft selbst auf jede Alltagssituation zu. Beispielsweise dann, wenn wir einem unangenehmen Kollegen mit Abneigung begegnen, wenn wir über einen aggressiven Autofahrer schimpfen, wenn wir Menschen mit einer bestimmten Weltanschauung oder Religion verachten – stets schaden wir uns selbst.

Beobachten Sie sich selbst: Wann immer Sie Gefühle wie Wut, Hass, Aggression oder Abneigung in sich spüren, sollten Sie sich besinnen. Achten Sie darauf, wie diese Gefühle in Ihnen entstehen und wie sie wieder vergehen, wenn Sie sie nicht pflegen.

Vor Neid sind wohl nur die wenigsten gefeit. Es gibt immer etwas, was Neid hervorrufen kann – seien es soziale, materielle oder persönliche Umstände.

Neid

Es gibt Menschen, die eigentlich sehr gute Eigenschaften haben. Sie haben ein offenes Herz für ihre Mitmenschen, haben sich zum größten Teil von Aggressionen und Begierden getrennt – und doch kennen sie dieses merkwürdige Gefühl: Neid. Sie sehen, dass jemand anderes mehr hat, beliebter ist, mehr Talente aufweisen kann oder mehr Erfolg verzeichnet. Und dann taucht ein unangenehmes Gefühl bei ihnen auf; sie neiden dem anderen den Erfolg, das Talent, die Anerkennung oder die materiellen Güter. Es entstehen Gedanken wie: »Warum hat er das und ich nicht? Ich bin doch genauso viel wert wie dieser Mensch – vielleicht sogar mehr!«

Durch Neid kann man sich nicht nur den Tag und die Stimmung verderben, sondern man wird durch Neidgefühle das Wachstum seiner inneren Natur völlig blockieren. Neid weist darauf hin, dass in den Tiefen des Bewusstseins noch einiges in Unordnung ist und dass es von negativen Kräften beherrscht wird. Es ist sehr wichtig, daran zu arbeiten, auch wenn Neid zunächst einmal nicht als besonders schlimm erscheint. Neid ist der Keim von Aggressionen, Gier und Eigensucht – Neid erleichtert es den negativen Kräften, Fuß zu fassen.

Wie unnötig und hinderlich Neid doch ist – jeder, der in irgendeiner Hinsicht weiter ist als man selbst, ist doch ein Grund zur Freude! Menschen, die noch von Neid beherrscht werden, ist dieser Gedanke vielleicht fremd; ein anderer Aspekt wird jedoch jedem einleuchten: Jeder, der weiter ist als man selbst, kann als Vorbild dienen und damit zu einer großen Hilfe und Motivation auf dem eigenen Weg werden.

Für den Menschen steht immer er selbst im Mittelpunkt des Denkens. Es ist sehr schwer für ihn, von sich selbst abzusehen.

Wenn Sie glückliche, erfolgreiche, talentierte, weise Menschen sehen und dabei andere Gefühle als Freude, Bewunderung und Zustimmung in Ihnen hochkommen, sollten Sie diesen Gefühlen nachgehen und an ihren Wurzeln arbeiten. Beobachten Sie, was Sie davon abhält, Freude statt Neid zu empfinden.

Ichbezogenheit

Das größte Hindernis auf dem Weg zum Glücklichsein ist die Ichbezogenheit. Es ist für den spirituellen Menschen von höchster Wichtigkeit, die Ichbezogenheit allmählich abzubauen. Ichbezogenheit bedeutet, die Dinge ausschließlich von der eigenen Warte aus zu sehen. Nun ist es ja so, dass wir, solange wir nicht bereits eine sehr hohe Stufe der Entwicklung erreicht haben, auf der die Dualität überwunden ist, kaum anders können,

Der Blick in den Spiegel ist eine gute Übung, um mit Gelassenheit die Ichbezogenheit und begrenzende Vorstellungen zu überwinden.

als uns selbst im Mittelpunkt zu sehen – denn gerade das ist ja das Ich: das Zentrum der eigenen Welt. Natürlich kann jeder nur sehen, was er selbst sehen kann. Das bedeutet jedoch eben noch nicht, dass er sich ständig auf diesen begrenzten Ausschnitt des Ganzen beziehen und die Ichbezogenheit pflegen muss.

Im vollen Bewusstsein dessen, dass das Ich nur ein kleiner Teil der Wirklichkeit ist, geben wir eine Beschränkung auf, die uns in unserer Entwicklung behindert und verhindert, dass unsere Aura-Energie auf eine höhere Ebene gelangt.

Vor langer Zeit wurde Egoismus in unserer Gesellschaft zur Tugend erklärt: Wenn jeder an sich selbst denkt, ist an alle gedacht. Wir müssen umdenken lernen.

Ichbezogenheit und Egoismus

Möglicherweise ist durch die vorigen Ausführungen der Eindruck entstanden, dass beim Thema »Ichbezogenheit« von Egoismus die Rede ist. Egoismus ist zwar tatsächlich ein Aspekt der Ichbezogenheit, doch Ichbezogenheit umfasst noch viel mehr. Auch ein Mensch, der nicht im Geringsten egoistisch ist, kann sehr ichbezogen sein. Ichbezogenheit drückt sich vor allem in Meinungen aus, in dem Wunsch, andere von diesen Meinungen zu überzeugen, und in der illusionären Überzeugung, im Recht zu sein. Ichbezogenheit zeigt sich auch in der Unfähigkeit, Leiden und Schmerzen gelassen zu ertragen, in Kritiksucht und in dem Wunsch, zu jedem Thema Stellung zu beziehen. Die Ichbezogenheit ist deshalb ein so großes Hindernis, weil sie so schwer zu erkennen, bis zu einem gewissen Grad natürlich und deshalb auch so schwer zur vermeiden ist.

Der Schlüssel zur Überwindung der Ichbezogenheit ist nicht etwa Altruismus. Natürlich ist es äußerst wertvoll, anderen Menschen beizustehen. Doch nur zu oft ist das Helfenwollen nur ein (wenn auch der positivste) Ausdruck von Ichbezogenheit. Das wichtigste Mittel gegen Ichbezogenheit ist Gelassenheit – sich dem natürlichen Lauf der Dinge nicht mit seinem Ich zu widersetzen, sich nicht in Handlungen zu verstricken, deren Folgen nicht absehbar sind.

Beginnen Sie damit, Ihre Ichbezogenheit allmählich abzulegen und gelassener zu werden. Üben Sie sich an alltäglichen Dingen. Fragen Sie sich: »Ist es wirklich notwendig, dass ich meine Meinung zu diesem oder jenem abgebe? Muss ich tatsächlich über jeden kleinen Schmerz, den ich spüre, klagen? Ist es nicht Anmaßung, meine Kollegen oder Familienmitglieder ständig zu belehren?« Stellen Sie sich diese Fragen aber nicht verbissen und üben Sie auch an sich selbst Nachsicht. Denn auch Verbissenheit auf dem spirituellen Weg ist eine Form der Ichbezogenheit. Überwinden Sie Ihre Ichbezogenheit mit einem Lächeln.

Die sieben Tugenden kultivieren

Die sieben Tugenden – Aufrichtigkeit, Mitgefühl, Nachsicht, Offenheit, Dankbarkeit, Heiterkeit und Liebe – bauen aufeinander auf. Aufrichtigkeit, uns selbst und anderen gegenüber, ist die Voraussetzung für alle anderen. Die Kraft des Mitgefühls ermöglicht es erst, nachsichtig mit anderen zu sein. Daraus erwächst die Offenheit, die notwendig ist, um über unsere Grenzen zu gehen – daraus entsteht die Dankbarkeit. Sind wir vorbehaltlos dankbar, gelangen wir zu Gelassenheit und Heiterkeit und können schließlich die größte Kraft, die spirituelle Liebe, kultivieren.

Dass die Tugenden aufeinander aufbauen, bedeutet jedoch nicht, dass wir erst eine zur Vollkommenheit entwickeln müssen, bis wir uns mit der nächsten befassen. Doch wenn wir beispielsweise die Kraft des Mitgefühls kaum kultiviert haben, wie wollen wir dann universelle Liebe spüren? Die folgenden Gedanken zu den sieben Tugenden sollen Sie ein wenig zum Nachdenken anregen.

Natürlich gibt es einen Unterschied zwischen Aufrichtigkeit und verletzender Offenheit. Wer durch Offenheit verletzt, stellt nur wieder das eigene Ego zur Schau.

Aufrichtigkeit

Die Aufrichtigkeit zu pflegen bedeutet mehr, als lediglich nicht zu lügen und nur die Wahrheit zu sagen. Wer sich einmal wirklich in die Bedeutung des Begriffes »Wahrheit« vertieft hat, wird erkannt haben, dass es so leicht nicht ist, die Wahrheit zu sagen. Auf den ersten Blick scheint es einfach: Wenn etwas wahr ist, ist es wahr. Etwas anderes ist unwahr.

Es ist jedoch nicht so leicht zu wissen, was wahr ist und was nicht. Die meisten Philosophen und auch viele Buddhisten würden sogar sagen, dass es absolut unmöglich ist. Wenn wir aber gar nicht wissen, was wahr ist, können wir auch nicht die Wahrheit sagen.

Betrachtet man diese Zusammenhänge auf einer alltäglicheren als auf der rein philosophischen Ebene, werden sie etwas deutlicher. Fragen Sie sich zunächst einmal, ob das, was Sie wahrnehmen, stets die Wahrheit ist. Es gibt zwar Regeln, aber auch Ausnahmen von der Regel. Ein ganz einfaches Beispiel sind optische Täuschungen. Nicht einmal das, was wir sehen, ist also unbedingt die Wahrheit.

Ganz ähnlich verhält es sich mit dem, was wir sagen: Es ist nicht unbedingt das, was der andere hört! Sagen wir also das, was wir für die Wahrheit halten, muss dies noch lange nicht die Wahrheit für den sein, zu dem wir es sagen. Wiederum ein einfaches Beispiel: Jemand, der Schnee und klirrenden Frost liebt, berichtet jemandem, der die Wärme und das Meer mag, er hätte einen wunderschönen Urlaub gehabt – Sie können sich leicht vorstellen, dass diese Wahrheit eine ganz andere ist als die, die der andere hört. Wenn wir glauben, die Wahrheit zu kennen oder zu sagen, sind wir möglicherweise weit von der Wahrheit entfernt.

Aufrichtigkeit bedeutet also zunächst zu begreifen, dass wir nicht vollkommen sind und Wahrheit nur erahnen, aber nicht wissen können. Hüten wir uns davor, selbstherrlich zu behaupten, die Wahrheit zu kennen. Nur allzu leicht erwächst daraus der Glaube, dass andere Menschen dumm, spirituell weniger weit entwickelt oder einfach verstockt seien. Aufrichtigkeit zu kultivieren bedeutet vor allem auch, sich selbst gegenüber aufrichtig zu sein, sich nicht zu verstellen und zu versuchen, anderen gegenüber aufrichtig zu sein.

Aufrichtigkeit hat jedoch nichts mit moralisierender Pedanterie und dem Beharren auf der Wahrheit der eigenen Wahrnehmung zu tun; sie ist im Gegenteil ein Sich-Öffnen. Im Alltag dient die Aufrichtigkeit auch dazu, sich nicht in Illusionen, Täuschungen und Selbsttäuschungen zu verstricken.

Das beginnt bei ganz einfachen Dingen. Die meisten Menschen neigen beispielsweise dazu, ihre Erzählungen ein wenig auszuschmücken und bunter zu gestalten. Dies ist auch ganz verständlich; eine Begebenheit wirkt interessanter und findet aufmerksamere Zuhörer, wenn sie farbiger ausgemalt ist. Doch auch wenn dies dem Zeitvertreib der Zuhörer dient, so schadet es doch der Entwicklung der Aura. Indem man wirken will, will man sich selbst interessanter machen. Stellt der Zuhörer Fragen, müssen neue Dinge erfunden werden, und die Verstrickung in die Illusionen wird immer stärker; immer weiter entfernt sich der Erzähler von der Aufrichtigkeit, immer mehr entfernt er sich von sich selbst.

Mitgefühl sollte nicht mit Mitleid verwechselt werden. Ersteres beinhaltet den Willen zu helfen, Letzteres geschieht aus der äußerlich unbeteiligten Distanz heraus.

Mitgefühl

Ohne Mitgefühl ist eine spirituelle Entwicklung gänzlich unmöglich. Ein Mensch mit einer strahlenden Aura wird stets ein mitfühlender Mensch sein. Mitgefühl ist jedoch nicht dasselbe wie eine nach außen vorgeführte Barmherzigkeit, bei der man beispielsweise an wohltätige Organisationen spendet, um sich von persönlichen Verpflichtungen freizukaufen. Wirkliches Mitgefühl bedarf der Achtsamkeit und der Bewusstheit über die eigenen Motive.

Die erste Kontrollinstanz ist die eigene innere Stimme. Sobald diese Stimme sagt: »Was bin ich doch für ein guter, barmherziger Mensch!«, handelt es sich nicht um eine Äußerung wirklichen Mitgefühls.

Wie schon bei der Aufrichtigkeit, so ist es auch bei dem Mitgefühl. Zunächst einmal erscheint es so einfach. Doch in Wirklichkeit stellt echtes Mitgefühl den Suchenden vor eine große Entwicklungsaufgabe. Um Mitgefühl üben zu können, ist es zunächst notwendig, wirklich mit anderen fühlen zu können. Mitgefühl ist also nur möglich, wenn man nicht nur auf sich selbst konzentriert ist, sondern anderen Menschen offen und aufmerksam gegenübertritt und von vermeintlichem, vorgefasstem Wissen Abstand nimmt. Der häufigste Fehler ist der der Projektion – die eigenen Gefühle werden unkritisch anderen zugeschrieben.

Sehr oft ist das beispielsweise am Verhalten gegenüber behinderten Menschen zu beobachten: Die meisten Behinderten werden bestätigen können, wie unangenehm ihnen von »Normalen« vorgeführtes Mitleid oft ist – dieses falsche Mitgefühl wirkt herablassend und erniedrigend. Wirkliches Mitgefühl führt eher dazu, nicht die Behinderung, sondern den Menschen zu sehen, der zwar in manchen Fällen physischer Hilfe bedarf, aber keineswegs eines herablassenden Bedauerns.

Wer Achtung vor anderen Menschen hat, handelt meist schon intuitiv richtig. Sie ist ein guter Wegweiser zwischen einem Zuviel und einem Zuwenig an Handeln und Helfen.

Achtung vor anderen Menschen

Andere Menschen zu achten bedeutet, sie nicht ihrer Entwicklungsmöglichkeiten zu berauben. Es ist keineswegs ein Ausdruck wirklichen Mitgefühls, einem anderen jede Last und Herausforderung abzunehmen! Das wird von wohlmeinenden Menschen oft missverstanden.

Es gibt Menschen, die ein sehr gutes Herz haben, sich aber auf den Irrweg begeben, jedem Menschen um jeden Preis, auch um den Preis der Selbstaufgabe, unbedingt helfen zu müssen. Menschen, die unter einem solchen Helferzwang stehen, versuchen meist nur, dadurch vor ihrer inneren Leere zu fliehen. Besser wäre es, sich zunächst einmal den eigenen Problemen zu stellen und dann, aufrichtig und mit ganzem Herzen, das Mitgefühl mit anderen zu kultivieren.

Ein weiterer Irrweg, der schlimme Folgen haben kann, besteht in übersteigerten Weltverbesserungsfantasien – die bezeichnenderweise nur selten dazu führen, dass sich auch nur das Geringste bei den Menschen in der allernächsten Umgebung des Weltverbesserers zum Besseren wendet.

Wirkliches Mitgefühl ist das Prinzip, das auch den Buddhismus durchdringt. Buddha verkündete die Lehre von der Befreiung vom Leiden durch das Mitgefühl. Das wahre Mitgefühl, das die Achtung vor anderen Menschen, aufrichtige Achtsamkeit und das Bewusstsein der eigenen Motive einschließt, ist eine der größten Kräfte und eine der Tugenden, die für die Entwicklung unserer Aura unverzichtbar sind.

Darüber hinaus ist Mitgefühl die Kraft, die den Menschen erst wirklich zum Menschen macht. Mit seinen Mitmenschen mitzufühlen, ihr Leid als eigenes Leid und ihre Freude als eigene Freude zu erfahren, ist ein wichtiger Aspekt der weisen, spirituellen Liebe. Wahres Mitgefühl stellt uns vor nicht einfache Entwicklungsaufgaben, vor Aufgaben, an denen wir wachsen und mit denen wir unser gesamtes Potenzial entwickeln können. An erster Stelle steht die Achtsamkeit: Wir können nur dann mit jemandem mitfühlen, wenn wir auf den anderen achten und ihn als Mitlebewesen wirklich erkennen.

Die erste Voraussetzung für die Einhaltung aller Tugenden ist die Achtsamkeit. Verschließen Sie Ihren Geist, bleiben Sie stets offen für alle Wahrnehmungen.

Doch auch hier lauert eine Falle: Nur allzu leicht ist Mitgefühl lediglich eine Illusion. Wir sehen einen Bettler und stellen uns vor, wie es für uns wäre, mittellos zu sein; um aufsteigende unangenehme Gefühle loszuwerden, werfen wir ihm schnell eine Münze zu. Aber ist das schon Mitgefühl? Oder ist es nicht viel eher Selbstsucht: Wir fühlen uns unangenehm berührt und kaufen uns mit ein wenig Geld los. Mitgefühl heißt vor allem auch, den anderen als Person so zu achten, wie wir uns selbst als Person respektieren. Erst dann sind wir in der Lage, wirklich mit dem anderen mitzufühlen. Und der erste Schritt dabei besteht immer darin, Mitgefühl mit uns selbst zu üben, statt uns zu verurteilen und zu kritisieren.

Liebe und Mitgefühl postuliert der Buddhismus als oberste Prinzipien im Umgang der Menschen miteinander.

Nachsicht

Viele Menschen haben vor allem eins verlernt: nachsichtig mit sich selbst zu sein. Erst wenn Sie sich selbst in Ihrer Unvollkommenheit akzeptieren und respektieren, können Sie diese Nachsicht auch anderen Menschen entgegenbringen.

Liebe heißt auch, vergeben zu können, sich selbst nicht zu wichtig zu nehmen und in der Vielfalt der Dinge das Gute und Schöne zu sehen. Indem wir nachsichtig gegenüber uns selbst und anderen Menschen sind, erhöhen wir unser Potenzial für die Kraft der Liebe. Leider wird Toleranz oft mit Gleichgültigkeit verwechselt. Doch nur wenn wir Situationen, Handlungen oder Menschen nicht gleichgültig gegenüber stehen, können wir wirklich tolerant und nachsichtig sein. Wenn Ihr Nachbar z. B. laute Musik hört, Sie laute Musik jedoch nicht stört, sind Sie noch nicht tolerant – die Musik ist Ihnen lediglich gleichgültig oder vielleicht sogar lieb. Erst, wenn Sie die Musik stört, können Sie Toleranz und Nachsicht zeigen. Dasselbe gilt für Weltanschauungen und Religionen.

Es gibt viele Menschen, die nie einen Sinn für Spiritualität in ihrem Leben entwickelt haben. Diese Menschen halten sich oft für besonders tolerant; sie haben wenig Verständnis für religiöse Menschen, die versuchen, andere zu missionieren, und verlangen von diesen mehr Toleranz. Dabei ist es ganz erstaunlich: Gerade dort, wo sie Nachsicht zeigen könnten, lehnen sie dies strikt ab und geben sich sehr intolerant.

Natürlich ist ein Missionierungsdrang ebenfalls kein Ausdruck von Toleranz und nicht gerade ein Zeichen tiefer Einsicht; zudem kann er auch recht lästig sein. Doch sollte man nicht gerade deshalb Nachsicht zeigen? Nachsicht bedarf als Voraussetzung etwas Einfühlungsvermögen und die Fähigkeit, die eigene Ichbezogenheit ein wenig zurückzustellen. Dann wird man leicht erkennen, dass andere Menschen auch nur versuchen, das zu tun, was ihnen am besten scheint.

Versuchen Sie einmal, die Dinge aus einer anderen Perspektive zu betrachten: Wenn z. B. ein Christ fest davon überzeugt ist, dass jeder, der seinen Glauben nicht teilt, der ewigen Verdammnis anheim fällt, handelt er dann nicht nach bestem Gewissen, wenn er versucht, andere Menschen vor der Verdammnis zu bewahren, indem er sie missioniert? Wenn man die gute Absicht anderer erkennt, ist es schon wesentlich leichter, nachsichtig zu sein. Und ob Sie die gute Absicht erkennen, liegt größtenteils bei Ihnen – an Ihrem Einfühlungsvermögen und Ihrer Einsicht.

Die Kunst der Vergebung

Ob und inwiefern wir anderen vergeben können, hängt ebenfalls mit unserer Fähigkeit zur Nachsicht zusammen. Wenn wir uns nicht im Mittelpunkt aller Dinge wähnen und begreifen, dass unsere Sicht der Welt nicht das Maß aller Dinge ist, können wir auch tolerant und nachsichtig sein. Und nur dann können wir ohne weiteres vergeben und die Kraft der Liebe wachsen lassen, anstatt sie in das dunkle Gefängnis unseres begrenzten Ich zu sperren.

Würden Sie gerne jemandem, der Sie sehr verletzt hat, Ihr Leben lang einen großen Sack mit schweren Steinen hinterhertragen? Was für eine absurde Vorstellung – und doch tun so viele Menschen genau das: Sie tragen jenen, die ihnen Schaden zugefügt haben, etwas nach! Nachtragend zu sein bedeutet, etwas absolut Sinnloses zu tun.

Erlittenes Unrecht zu vergeben und zu verzeihen ist viel leichter als nicht zu verzeihen. Indem Sie Menschen, denen Sie etwas nachtragen, verzeihen, legen Sie eine große Last ab, und Sie werden sich fragen, warum Sie diese Last überhaupt so lange mit sich herumgetragen haben. Befreien Sie sich noch heute von solchen Lasten und vergeben Sie den Menschen, die Ihnen Unrecht getan haben.

Wer wirklich nachsichtig gegenüber den tatsächlichen oder scheinbaren Schwächen seiner Mitmenschen ist und wer denen, die ihm Unrecht tun, vergeben kann, wird die Welt mit anderen Augen sehen – mit den Augen des Herzens.

Nicht zuletzt ist auch die Nachsicht mit sich selbst und den eigenen Fehlern von großer Wichtigkeit. Dieser Punkt wird häufig vernachlässigt und ist ein Grund dafür, dass Menschen mit den höchsten Zielen, einem starken Willen, unablässiger Disziplin und hohen Geistesgaben auf ihrem spirituellen Weg trotzdem oft nicht vorankommen.

Wer sich verschließt – sei es vor der ihn umgebenden Welt, den eigenen Gefühlen oder anderen Menschen –, begibt sich freiwillig in ein inneres Exil.

Offenheit

Der Prozess der spirituellen Entwicklung ist immer eine Öffnung. Falls Ihnen das nicht unmittelbar einleuchtet, sollten Sie überlegen, ob das Gegenteil mit einer Entwicklung, insbesondere der spirituellen Entwicklung, vereinbar ist.

Auch das Phänomen der Aura weist darauf hin, dass der Mensch ein offenes und auf Austausch angelegtes Wesen ist, das eben nicht durch seine physische Hülle – die Haut – begrenzt ist. Die Beschäftigung mit der Aura hilft zu erkennen, wie wichtig es ist, zu geben, zu empfangen und sich immer wieder neu zu öffnen. Wir öffnen uns neuen Erfahrungen und lernen. Wir öffnen uns der Energie des Universums und sammeln Kraft. Wir öffnen unser Herz und lassen die Welt hinein.

Das Bild des Netzes symbolisiert Offenheit im Sinne fernöstlicher Weisheit: Es kann Neues aufnehmen, ohne es gleichzeitig festhalten zu wollen.

Offenheit, auch vollkommene Offenheit, bedeutet nicht, alles gedankenlos anzunehmen. Offenheit bedeutet nicht, wie ein Herbstblatt im Wind hierhin und dorthin getrieben zu werden – Offenheit ist wie ein Fischernetz: Das Unwichtige geht ebenso leicht hinaus wie hinein und nur das Wesentliche bleibt erhalten.

Die Offenheit können wir kultivieren, indem wir uns angewöhnen, auf Widerstände zu achten. Diese Widerstände können sich auf jeder Ebene zeigen: Ohne wirklich zuzuhören, lehnen wir ab, was nicht unserer Meinung entspricht. Ohne wirklich hinzusehen, machen wir uns ein Bild von den Menschen, von der Welt – und von uns selbst. Ohne wirklich mitzufühlen, verurteilen wir Menschen, die wir nicht verstehen. Wenn uns diese Widerstände bewusst werden, wird es auch möglich, sie allmählich loszulassen – auch wenn das sicher nicht leicht fällt und eine Weile dauert, bis es gelingt.

Ein altes fernöstliches Sprichwort sagt: »In einer geschlossenen Hand befindet sich nichts – öffne sie, und du wirst die ganze Welt darin halten können.«

Offenheit ist die Bereitschaft, über das Wohlbekannte hinauszugehen und Neues zu entdecken. Dass Sie sich mit der Aura beschäftigen, zeigt, dass Sie offen gegenüber den Dingen sind, die nicht abwägbar und messbar sind. Das haben Sie manchen anderen voraus. Um Ihre Offenheit weiter zu kultivieren, sollten Sie stets aktiv nach Dingen suchen, bei denen es Ihnen schwer fällt, offen zu sein. Einigen Menschen, die sich für Spiritualität und die seelische Dimension interessieren, fällt es z. B. schwer, den

Wissenschaften gegenüber offen zu sein – sie lehnen das materialistische Weltbild ab und verkennen dabei, dass auch dies ein Teil der ganzen Wirklichkeit ist. Sich öffnen und nichts festhalten – vor allem nicht die eigene Meinung – ist der Königsweg zur seelischen Entwicklung.

Dankbarkeit

Dankbarkeit ist eine der höchsten Tugenden und essenziell für die spirituelle Vervollkommnung. Doch keine Tugend wird so sehr missverstanden. Schon kleinen Kindern wird beigebracht, dass sie sich bedanken müssen, wenn sie ein Geschenk bekommen. Und zwar unabhängig davon, ob ihnen dieses Geschenk wirklich Freude bereitet oder nicht. Kleinen Kindern, die sich von ihrem inneren Wesen ja noch nicht so weit entfernt haben, fällt es in der Regel schwer, das einzusehen. Für sie ist es viel einfacher: Wenn sie sich freuen, zeigen sie auch Freude, wenn sie sich nicht freuen, nicht. Und warum sollten sie sich bedanken, wenn doch die Freude in ihren Augen zu sehen ist? Vor allem: Warum sollten sie sich bedanken, wenn klar zu sehen ist, dass sie sich nicht freuen?

Tiefe Dankbarkeit für alles, was einem widerfährt, ist nur sehr wenigen Menschen vergönnt. Diese sind meist schon weit fortgeschritten auf dem spirituellen Weg.

Durch den ausgesprochenen Dank entsteht keine Dankbarkeit – nur Höflichkeit. Doch die Höflichkeit lehrt, seine wahren Gefühle nicht zu zeigen. Dankbarkeit können wir nicht für Schlechtes, Schmerzhaftes und Leidvolles empfinden. Wie sollte uns das auch möglich sein? Und doch hört man von spirituell weit entwickelten Menschen häufig, dass sie für alles dankbar sind. Wie schaffen diese Menschen das?

Dankbar für etwas Schlechtes zu sein ist tatsächlich unmöglich. Wir müssen also versuchen, nicht mehr in den Kategorien »gut« und »schlecht« zu denken, sondern unser Bewusstsein davon lösen. Und das ist das ganze Geheimnis der Dankbarkeit. Das ist zunächst so leicht gesagt! Doch wie können wir diese Einteilung in Gut und Schlecht überwinden? Es erfordert Übung. Wir sind es meist so gewohnt, die Welt in zwei Teile zu teilen, dass es uns geradezu natürlich scheint.

Wie sollten wir also für Krankheit, Schmerzen und Tod Dankbarkeit empfinden können? Mit Worten ist dies sehr schwer auszudrücken – es kann hier nur angedeutet werden. Dankbar sein heißt vertrauen. Es bedeutet, das Sinnvolle und Gute in allem aufzuspüren. Dankbarkeit ist die Freude darüber, Erfahrungen machen zu dürfen, Aufgaben gestellt zu bekommen und an ihnen zu wachsen – auch an leidvollen. Wir können dankbar sein – nicht aus Höflichkeit, nicht anderen zuliebe. Wir können dankbar sein, wenn wir einer höheren Instanz wie z. B. dem Universum vertrauen, wenn wir alles, was geschieht, als Wunder begreifen, das wir vielleicht erst allmählich verstehen werden.

Heiterkeit

Heitere Gelassenheit zu entwickeln kann zur Lebensaufgabe werden. Gelassenheit bedeutet, weder zu sehr an Dingen festzuhalten noch sich gänzlich von ihnen abzuwenden.

Ein Erleuchteter hat leuchtende Augen, eine klare Stirn und ein Lächeln auf den Lippen. Der Weise hat ein heiteres Gemüt. Ist es überhaupt vorstellbar, dass ein wahrhaft Weiser mit gerunzelter Stirn, zusammengekniffenen Augen und hängenden Mundwinkeln missmutig in die Welt schaut? Wir alle wissen in unserem Innersten, dass den Weisen Heiterkeit auszeichnet – und können es vielleicht dennoch nicht verstehen. Sieht der Weise das Leid in der Welt nicht? Verschließt er die Augen vor der Realität? Oder steht er über den Dingen? Das tut er nicht. Er ist heiteren Sinnes trotz all des Leidens, das ihm bewusst ist und das er zu lindern bestrebt ist – und auch das geht mit heiterem, klarem Sinn besser. Er lässt alles in sich hinein, doch er hält nichts fest und seine Seele (und deren Manifestation in der Aura) nimmt keinen Schaden.

Nun sind nicht alle Menschen erleuchtete Weise, sondern befinden sich erst auf dem Weg dorthin. Die Heiterkeit des Weisen ist Ausdruck seines innersten Wesens – aber sie ist auch ein Weg. Können wir diesen Weg gehen? Vielleicht erscheint es Ihnen sehr schwer. Das Geheimnis aber ist, dass es in gewisser Weise so leicht, vielleicht eben zu leicht ist.

Selbstverständlich können Sie sich nicht zur Heiterkeit zwingen. Der erste Schritt zur Tugend des Weisen, der Heiterkeit, ist die Gelassenheit. Schon dieser erste Schritt fällt vielen Menschen schwer – obwohl sie sich sehr nach Gelassenheit sehnen. Doch an unserer Gelassenheit können wir arbeiten, und es ist noch nicht einmal eine anstrengende Arbeit, sondern vielmehr eine gute Gewohnheit, die ihren Lohn in sich trägt.

Fangen Sie ganz einfach an, Gelassenheit zu kultivieren: Wann immer Sie eine Erregung in sich aufsteigen fühlen, reagieren Sie nicht sofort. Atmen Sie fünfmal tief durch, konzentrieren Sie sich auf Ihr Herzchakra und zählen Sie innerlich bis zehn. Diese einfache Übung hilft fast immer.

Der nächste Schritt: Gewöhnen Sie sich daran, alles aus mindestens zwei gegensätzlichen Perspektiven zu sehen. Meditieren Sie regelmäßig. Praktizieren Sie dies, wird sich Ihr Geist allmählich mit Gelassenheit füllen. Und aus der Gelassenheit erwächst Heiterkeit – denn wenn Sie gelassen sind, wird Ihre Seele klar und Ihre Aura wird heller strahlen.

Liebe

Die Liebe ist die stärkste Kraft. Sie ist der direkte Ausdruck des Göttlichen in uns. Keine andere Macht verleiht der Aura eine so strahlende, wunderbare Erscheinung wie die Liebe. Das Wort »Liebe« wird allerdings so vielfältig verwendet, dass es wohl einer Erklärung bedarf, was im Zusammenhang mit den sieben Tugenden mit Liebe gemeint ist. Es handelt sich dabei nicht um die Liebe, die auf etwas gerichtet ist – weder auf Personen noch auf Dinge. Jemand, der ausschließlich die Liebe zu gutem Essen, zu Sex oder gar zu seinem Auto kultiviert, wird dadurch kaum seine spirituelle Energie erhöhen.

In der Liebe zu einem Menschen kann sich durchaus ein Funke der wahren, spirituellen Liebe zeigen. Doch leider ist die Liebe zwischen zwei Menschen nur allzu oft mit dem Wunsch verknüpft, selbst geliebt zu werden, mit der Angst vor der Einsamkeit und mit dem Drang, Macht über den anderen auszuüben und diesen zu besitzen.

»Liebe – und tu, was du willst« empfahl schon Augustinus. Er meinte damit nicht das rücksichtslose Ausleben eigener Wünsche, sondern dass jedes Handeln, von der Liebe zu einer spirituell höher stehenden Macht geprägt, immer auch richtiges Handeln ist.

In der Liebe zu Gott, zu Jesus Christus, zu Buddha oder zur Natur ist dagegen bereits die Liebe verwirklicht, die in der indischen Tradition *Bhakti* (»Hingabe«) genannt wird. Diese Liebe ist nur oberflächlich auf ein Objekt gerichtet – eigentlich umfasst sie alles.

Alles zu lieben – wie schwer scheint das zu sein! Nun wird vielleicht klar, warum die Liebe der Höhepunkt der spirituellen Entwicklung ist. Ohne bereits die anderen sechs Tugenden bis zu einem gewissen Grad verwirklicht zu haben, ist wahre Liebe eine Illusion.

Jesus sagte, dass wir unseren Nächsten lieben sollen wie uns selbst. Oft wird dieser Satz in seiner ganzen Weisheit nicht verstanden. Dass wir lieben sollen, scheint eine sinnlose Forderung. Aber wir sollen die anderen, auch unsere Feinde, lieben wie uns selbst! Wir müssen lernen, uns selbst zu lieben, denn in jedem von uns steckt das Göttliche. Dann erst können wir unseren Nächsten oder sogar unsere Feinde lieben. Hassen, verachten oder schätzen wir uns selbst gering, werden wir auch die anderen hassen, verachten und geringschätzen – und sie damit ebenfalls so lieben wie uns selbst: nämlich gar nicht.

Ein anderer weiser Mensch zeigte den Weg, auf dem wir Liebe kultivieren können: »Bevor wir unsere Feinde lieben, sollten wir zunächst einmal netter zu unseren Freunden sein.« Wie wahr! Wenn wir nicht das lieben können, was uns nah ist, wird die Liebe zu dem Entfernten Illusion bleiben. Die Kraft der Liebe beginnt, obwohl sie das Höchste ist, beim Kleinsten, Geringsten und Niedrigsten.

FLEUR D'ORANGER
Orange blossom
15 ml

Aura-Heilung

Wer bereits erste Erfahrungen mit der Aura gesammelt hat, sie wahrnehmen kann und in ihren Einzelheiten erkennt, kann nun daran gehen, die Aura zu heilen und anderen Menschen über die Aura-Heilung zu helfen. Dabei wird der Energiefluss insgesamt angeregt, Schäden, die in der Aura sichtbar werden, können durch Energie ausgeglichen, positive Energien können verteilt und negative Energien abgeleitet werden.

Die Aura-Heilung ist eine Heilkunst, die an den Wurzeln aller Leiden ansetzt: Die feinstofflichen Energien werden direkt beeinflusst. Es gibt zahlreiche Wege, um dies zu erreichen:

- Durch direkte Übertragung von Energie über die Handchakras oder direkt über die Aura
- Durch feinstoffliche Heilmittel wie Aromaöle oder Kristalle
- Durch heilende Klänge, die entweder mithilfe von Klangschalen oder mithilfe der Stimme erzeugt werden
- Durch heilende Gedanken
- Durch die Verbindung mit dem reinen Bewusstsein

Wenn Sie die Aura anderer Menschen positiv beeinflussen wollen, setzt das voraus, dass Sie Ihre eigene Aura bis zu einem gewissen Grad entwickelt haben. Und wie bereits erwähnt, bedarf es der Fähigkeit, die Aura deutlich wahrzunehmen. Ebenso wichtig aber ist, dass Sie stets verantwortungsbewusst handeln.

Viele Menschen haben die Fähigkeit zu heilen – und wissen es selbst nicht. Doch Vorsicht: Mit dem Heilen übernehmen wir eine große Verantwortung für die, die geheilt werden!

Über das Heilen

Anderen Menschen zu helfen ist etwas Wertvolles. Wenn der Wunsch, anderen zu helfen, jedoch blind für die Notwendigkeit macht, an sich selbst zu arbeiten, wird durch diese Hilfe oft mehr Schaden als Nutzen bewirkt. Die Tätigkeit des Heilers bringt große Verantwortung mit sich.

Das bedeutet nun nicht etwa, dass Sie vollkommen sein müssten, um Ihre Fähigkeiten einsetzen und Leiden lindern zu können. Es bedeutet vielmehr, dass Sie sich Ihrer Grenzen bewusst sind und eine Haltung der Demut bewahren: Letztlich sind es nicht Sie, der die Heilung bewirkt, sondern die göttliche Energie. Heilen ist ebenso wie Geheiltwerden eine Gabe, ein Geschenk.

Vor jeder Sitzung mit einem anderen Menschen sollten Sie daher eine kurze Meditation durchführen, bei der Sie sich zum einen von eigenen Sorgen, Ängsten und Alltagsgedanken lösen und zum anderen dem Göttlichen öffnen und darum bitten, als Medium für die universelle Kraft dienen zu können.

Die eigene Aura schützen – ein Muss für jeden Heiler

Die eigene Aura zu schützen hat nichts mit Egoismus zu tun. Sie schützen damit letztendlich auch den, dem Sie durch Aura-Heilung helfen wollen.

Bei der Aura-Heilung nehmen die Energien zweier Menschen einen engen Kontakt auf. Das führt dazu, dass sich die Energien aneinander angleichen. Wenn Sie nun ohne Aura-Schutz einen Menschen behandeln, der eine schwere Krankheit oder ein bedeutendes seelisches Leiden mit sich trägt, wird sein Leiden gewiss gelindert – doch um den Preis, dass Sie einen Teil seiner Bürde auf sich nehmen.
In vielen Kulturen ist genau dies die Aufgabe eines Heilers: Er nimmt die Leiden anderer auf sich. Das ist eine sehr schwere Aufgabe. Schamanen und Medizinmänner asiatischer und amerikanischer Völker gehen diesen Weg – sie nehmen bewusst die Leiden anderer auf sich und leiden selbst.

Sicheres Helfen

Doch auch im westlichen Kulturkreis nehmen manche Heiler die Leiden ihrer Patienten auf sich, wenn auch nicht bewusst. Das trifft z. B. auf die meisten Heilberufe zu, ganz besonders auf solche, die in engen Kontakt mit ihren Patienten treten, wie Masseure oder Physiotherapeuten. Viele berichten davon, dass sie sich nach einer Behandlung regelrecht ausgelaugt und leer fühlen und manchmal sogar dieselben Krankheitssymptome wie ihre Klienten entwickeln. Diese negativen Effekte sind jedoch vermeidbar, wenn Sie vor einer Behandlung Ihre Aura schützen. Eine Aura-Schutzübung haben Sie bereits kennen gelernt (siehe Seite 74f.). Wenn Sie als Heiler tätig werden, ist jedoch ein stärkerer Schutz notwendig. Zusätzlich zur bekannten Übung sollten Sie noch die folgende Schutztechnik anwenden, bevor Sie andere behandeln.

Der goldene Aura-Mantel

Lüften Sie den Raum, in dem Sie üben, gründlich, bevor Sie mit der Schutzübung beginnen:

- Stellen Sie sich aufrecht hin. Die Augen sind geschlossen, der Rücken ist gerade und die Arme hängen entspannt neben dem Körper. Die Beine sollten weit gespreizt sein.
- Schließen Sie die Augen und verschränken Sie die Hände über dem Anahata-Chakra (Herzchakra) in der Mitte der Brust. Senken Sie den Kopf – in dieser Haltung gehen Sie vollkommen nach innen und versuchen, sich in Ihrem Herzchakra zu zentrieren. Lassen Sie die Gedanken allmählich ruhig werden und sammeln Sie Ihre Kräfte im Hier und Jetzt.
- Öffnen Sie nun die Augen. Lösen Sie die Hände langsam von der Brust und dem Herzchakra und heben Sie sie nach oben. Die Finger sind geschlossen und zeigen zum Himmel, die Handflächen sind zueinander gedreht. In der Zielstellung sind die Arme nach oben gestreckt und bilden ein V, der Kopf wird leicht in den Nacken gelegt und der Blick geht nach oben.
- Stellen Sie sich vor, wie Sie mit Ihren Fingerspitzen und Handflächen aus dem Kosmos goldene Strahlen aufnehmen – Sie können sich auch

Bei der Übung zum Schutz der Aura legen Sie zunächst die Hände über Ihr Herzchakra, bevor Sie die Arme zum Kosmos hin öffnen.

eine goldene Sonne über sich vorstellen, deren Strahlen Sie mit den Armen auffangen.

- Atmen Sie bewusst tief und langsam ein und aus: Beim Einatmen nehmen Sie die goldenen Lichtstrahlen mit den Händen auf; mit dem Ausatmen stellen Sie sich vor, wie sich die heilende Energie von oben nach unten über Ihren ganzen Körper verteilt. Bleiben Sie sieben Atemzüge lang bei dieser Imagination. Stellen Sie sich vor, in goldenem Licht zu duschen. Versuchen Sie anschließend, vor Ihrem inneren Auge das Bild eines goldenen Mantels entstehen zu lassen, der Arme, Kopf und Körper vollkommen in dieses wunderschöne goldene Licht eintaucht.
- Senken Sie abschließend die Arme, schließen Sie nochmals die Augen und spüren Sie den Wirkungen nach.

Die Übung »Der goldene Aura-Mantel« können Sie auch in geschlossenen Räumen durchführen, doch am wirkungsvollsten ist sie, wenn Sie unter freiem Himmel üben.

Weitere Schutzmaßnahmen für die Aura

Neben den gezielten Techniken, mit denen Sie Ihre Aura beim Heilen (und auch im Alltag) vor negativen Einflüssen schützen können, gibt es noch einige allgemeine Regeln, durch die Sie es vermeiden können, dass Ihr Partner Ihre Energie »aufsaugt«.

- Behandeln Sie nur, wenn Sie sich gut fühlen – bei Infekten wie Erkältungskrankheiten, aber auch wenn Sie unter Ängsten oder depressiven Stimmungen leiden, sollten Sie grundsätzlich auf die Behandlung verzichten, da Ihre Eigenenergie in solchen Zeiten zu sehr geschwächt ist.
- Wenn Sie trotz der Schutzübungen das Gefühl haben, dass Sie während der Behandlung Energie verlieren, brechen Sie die Sitzung einfach ab. Sagen Sie ganz offen, dass Sie momentan nicht genug Energie haben, um effektiv zu behandeln – Ehrlichkeit ist hier besonders wichtig. Schütteln Sie die Hände kurz aus, versuchen Sie, den Atem etwas zu verlangsamen und konzentrieren Sie sich darauf, Ihre Energien wieder zu sammeln – auf diese Weise können Sie Defizite schnell wieder ausgleichen.
- Sprechen Sie so wenig wie möglich. Bitten Sie auch Ihren Partner, möglichst gar nicht zu sprechen – es sei denn, dass er sich bei der Behandlung unwohl fühlt oder Ihnen etwas mitteilen will, das unmittelbar mit der Sitzung zu tun hat. In der Regel sollten jedoch auch Rückmeldungen erst nach der Behandlung gegeben werden. Sprechen kostet Energie, vermindert die Sensibilität und lenkt das Bewusstsein vom Wesentlichen ab.

Quanteneinstimmung

Was in den letzten Jahren als »Quanteneinstimmung«, »Quantenheilung« oder »Matrix-Arbeit« bekannt geworden ist und eine ganz neue Form der energetischen Heilung zu sein scheint, ist im Kern uralt. Es ist nichts anderes als die Heilung der Aura durch das »Reine Bewusstsein«. Doch dadurch, dass sich nun mittlerweile viele Menschen mit dieser Methode befassen, gelangte die Energie-Heilung auf eine neue Ebene. Es wurden Wege gefunden, die die Heilung enorm vereinfachen. Ein kleiner Impuls des Bewusstseins und das unendlich kurze Eintauchen ins Reine Bewusstsein »in dem Raum zwischen zwei Gedanken« kann die grundlegende Energieebene beeinflussen – der Zugang zur Energie des Universums wird geöffnet und die Energie fließt genau dorthin, wo sie fehlt, so wie Wasser stets zum tiefst gelegenen Ort fließt. Die energetische Harmonie, die dies mit sich bringt, ist nichts anderes als eine Reinigung und Stärkung der Aura.

Die Quanteneinstimmung eignet sich perfekt, um Disharmonien in der Aura sowie geistige wie seelische Beschwerden zu heilen.

Die Quanteneinstimmung setzt an der tiefsten Energieebene an und ist deshalb immer positiv und heilsam. Dennoch ersetzt diese Form der Energieheilung nicht alle anderen. Das hat mehrere Gründe. Zum einen hat der Mensch und seine Aura viele verschiedene Ebenen, die sich durchdringen und in Wechselbeziehung mit der Umwelt stehen: Daher reicht es manchmal einfach nicht aus, die Energie auf der Quantenebene auszugleichen, da »von oben« wieder Störfaktoren Energie rauben. Zum zweiten kann die Quanteneinstimmung natürlich nicht die spirituelle Entwicklung ersetzen – doch immerhin kann sie sie fördern.

Da die Quanteneinstimmung eine so gute Grundlage ist und Sie sie so leicht bei anderen und bei sich selbst durchführen können, möchte ich sie kurz erklären.

Die gute Absicht

Am Anfang steht die Absicht. Wenn Ihnen wirklich klar ist, unter was Sie leiden, können Sie auch klar sehen, was Sie stattdessen wollen. Und zwar in einem positiven Sinn. Sie wollen beispielsweise nicht einfach nur, dass Ihre Bauchschmerzen weg sind, sondern würden es so formulieren: »Ich will unbeschwert essen und trinken und es genießen.« Das ist eine Heil-Absicht, eine Intention.

Diese Intention ist ein zentraler Punkt bei der Quanteneinstimmung. Je deutlicher das Bild von dem ist, wie der Soll-Zustand aussieht, desto intensiver wird die Quanteneinstimmung wirken.
Da unser Geist gewohnt ist, auf bewusster Ebene mit Symbolen (also der Sprache) zu arbeiten, ist es sehr sinnvoll, die Intention als kurzen, prägnanten Merksatz, ähnlich einer Affirmation, zu formulieren. Achten Sie dabei auf folgende Punkte:

- Der Satz sollte keine Verneinungen, keine Vergleiche enthalten. Statt »Ich will nicht mehr krank sein« oder »Ich will mich besser bewegen können«: »Ich kann mich frei und leicht bewegen«.
- Der Satz sollte in der Gegenwartsform stehen, so, als sei das Gewünschte bereits Wirklichkeit. Das fühlt sich merkwürdig an, da man ja einen Zustand behauptet, der eben gerade nicht da ist. Doch nur so kann er Wirklichkeit werden.
- Der Satz sollte so prägnant sein und Ihre Gefühle ansprechen, dass beim Sprechen sofort das innere Bild des Soll-Zustandes auftaucht.

Nehmen Sie sich bei der Quanteneinstimmung genug Zeit dafür, sich ein Bild von dem harmonischen Zustand zu schaffen, den Sie erreichen wollen.

Ablauf einer Quanteneinstimmung

Die Anwendung der Quanteneinstimmung ist unglaublich einfach. Das Auffinden der Intention ist bereits der schwierigste Teil des Ganzen. Dann gehen Sie – ganz gleich, ob Sie sich selbst oder einen anderen Menschen behandeln – so vor:

- Legen Sie eine Hand auf die Brust, die andere Hand auf den Kopf.
- Rufen Sie die Intention ganz in Ihr Bewusstsein.
- Wenn das Bewusstsein ganz mit der Intention erfüllt ist, versuchen Sie, alle Gedanken loszulassen und in den Raum »zwischen zwei Gedanken« einzutauchen. Je länger Ihnen das gelingt, desto besser. Doch allein der Versuch ist wirksam.
- Bleiben Sie eine Weile dabei, bis Sie eine »Verbindung« fühlen. Das kann ein Kribbeln, ein Zittern, ein Wärmegefühl oder Ähnliches sein. Wenn Sie die Aura bereits ganz oder teilweise wahrnehmen können, werden Sie dieses Verbindungssignal sofort an einer harmonischen Veränderung der Aura bemerken. Das ist tatsächlich schon alles!

Die Quanteneinstimmung ist eine wunderbare Hilfe bei der Entwicklung und Heilung der Aura. Vielleicht ist es der beste Einstieg in die Aura-Arbeit überhaupt. Sie macht alles andere einfacher.

Heilende Hände

Die heilende Kraft der Hände ist in den Kulturen überall auf der Welt bekannt; in der christlichen Tradition wird sie ebenso betont wie im japanischen Reiki. Von Jesus und Buddha beispielsweise wird erzählt, dass schon allein ihre Berührung heilte.
Die Energie wird beim Handauflegen vor allem über die Handchakras vermittelt. Die Handchakras sind zwar eigentlich Nebenchakras, aber für die Heilung besonders wichtig. Bei großen Heilern und Heiligen ist die Strahlkraft der Handchakras so groß, dass sie von vielen sensiblen Menschen wahrgenommen werden kann.
Die Handchakras hängen mit dem Anahata-Chakra (Herzchakra) zusammen. Aus dem liebevollen Herzen strömt die Kraft, die es der Hand ermöglicht, bewusst zu handeln und andere Menschen heilsam zu berühren und zu behandeln. Jede Technik, die das Herzchakra anregt, verstärkt auch den Energiefluss in den Handchakras. Umgekehrt wirken sich Handchakra-Übungen auch sehr positiv auf das Herzchakra aus. Indem wir uns unserer Handchakras bewusst werden, beginnen wir bereits, heilende Kräfte zu entwickeln.
Menschen, welche die Fähigkeit haben, andere Menschen zu heilen, haben sehr gut entwickelte Handchakras. Viele Yogameister beispielsweise haben die Fähigkeit, Lebensenergie über ihre Hände auf andere Menschen zu übertragen.

Die Hände sind unser wichtigstes Werkzeug. Mit ihnen erfahren wir die Welt, mit ihnen berühren wir liebevoll, mit ihnen werden wir künstlerisch tätig.

Die Handchakras mit Energie aufladen

Die folgende Übung erhöht den Energiefluss in den Handchakras. Sie können sie im Sitzen oder Liegen durchführen.

- Schließen Sie die Augen und lösen Sie sich so weit wie möglich von Sorgen und Alltagsgedanken. Atmen Sie dreimal tief ein und aus.
- Heben Sie die linke Hand vor Ihre Stirn – dabei sollte die Handfläche zu Ihrer Stirn weisen und etwa drei Zentimeter von ihr entfernt sein.
- Achten Sie darauf, was Sie spüren. Wahrscheinlich können Sie den leichten Widerstand und die Wärme Ihrer Aura vor dem Stirnchakra fühlen. Allerdings wird vermutlich kein stärkerer Energiefluss bemerkbar sein.
- Nehmen Sie die Hand nun wieder herunter und führen Sie sie zum Nabelchakra. Legen Sie die linke Handfläche auf das Chakra und die rechte Hand auf die linke.

- Spüren Sie den Kontakt zum Nabelchakra. Atmen Sie siebenmal langsam und tief ein und aus; spüren Sie mit den Händen, wie Ihr Bauch sich beim Einatmen etwas nach außen wölbt, und stellen Sie sich vor, wie der Atem vom Bauch aus in die Handflächen fließt. Spüren Sie, wie warme, heilende Energie vom Nabelchakra aus in Ihre Hände fließt.
- Lösen Sie Ihre Hände nach sieben Atemzügen behutsam vom Bauch und führen Sie die linke Hand noch einmal langsam vor die Stirn.
- Achten Sie wieder darauf, was Sie spüren. Wenn Sie konzentriert geübt haben, wird die Energie, die aus den Handchakras strömt, jetzt vermutlich deutlich stärker zu spüren sein: Fühlen Sie, wie Wärme von Ihrem Handchakra aus in Ihr Stirnchakra fließt? Der Energiefluss kann sich aber auch als Kribbeln, leichtes Druckgefühl oder angenehme Spannung äußern. Oft kommt es bei dieser Übung auch zu Lichterfahrungen. Auf jeden Fall wird das Gefühl, das durch den Strom der Lebensenergie erzeugt wird, angenehm und wohltuend sein. Aktivieren Sie stets Ihre Handchakras, bevor Sie heilende Kräfte übertragen.

Durch das Berühren des Stirn- und Nabelchakras laden Sie Ihre Handchakras mit Energie auf – eine wichtige Voraussetzung für das Aura-Heilen.

Aura-Heilung durch die Hände

Sie haben nun gelernt, wie einfach es ist, Ihre Handchakras zu aktivieren und mit Energie aufzuladen. Die Energie, die durch die Handchakras ausgestrahlt wird, ist der stofflichen Ebene noch recht nahe. Wenn wir jedoch die Aura eines anderen Menschen behandeln und heilsam auf sie wirken wollen, sind nicht die Energien der Handchakras, sondern die Energien aus unserer eigenen Aura entscheidend. Die Energien der Handchakras sind allerdings ebenfalls wichtig, um uns zu leiten und zu unterstützen.

Auf einer hohen, fortgeschrittenen Stufe der Heilung können Heiler auch ganz ohne ihre Hände auskommen: Sie schicken der Aura des Leidenden direkt heilende Energien – einfach indem sie sich auf ihre eigene Aura konzentrieren. Die Technik besteht dabei meistens darin, die Aura so weit auszudehnen, bis sie sich mit der Aura des erkrankten Menschen verbindet und diese mit Lichtkräften durchdringt. Erfahrene Heiler können diese Art der Fernheilung sogar über Tausende von Kilometern durchführen – dabei ist nicht die Strecke entscheidend, sondern das Bewusstsein, die Konzentration und die Vorstellungskraft. Die im Folgenden vorgestellten Techniken sind wesentlich einfacher. Hier werden die Hände ganz konkret eingesetzt, um die universelle Energie, die aus der eigenen Aura strömt, zu kanalisieren.

Vorbereitungen für die Aura-Heilung

Ganz gleich, ob Sie die Aura Ihres Partners nur allgemein harmonisieren wollen oder gezielt Heilungsprozesse in Bewegung bringen möchten, ob Sie mit den Händen behandeln oder Kristalle, ätherische Öle oder Klangschalen einsetzen – die richtige Vorbereitung ist immer der erste Schritt. Achten Sie dabei auf Folgendes:

- Sorgen Sie für eine friedliche Atmosphäre. Wichtig ist, dass Sie sowohl innerlich als auch äußerlich für Ruhe sorgen. Behandeln Sie möglichst in einem Raum, der nicht an eine befahrene Straße grenzt, oder schließen Sie die Fenster.
- Meiden Sie jegliche Unordnung, grelle Farben, Zeitungsstapel, verräucherte Luft und elektrische Geräte – vor allem in unmittelbarer Nähe des Behandlungsplatzes sollten Stille und Frieden herrschen.
- Obwohl einige Heiler gezielt mit meditativer Musik arbeiten, ist es anfangs empfehlenswert, ohne Musik zu behandeln und die Kraft der Stille zu nutzen.
- Achten Sie darauf, dass es im Raum warm genug ist. Ihr Partner bleibt bei der Aura-Heilung bekleidet. Allerdings sollte die Kleidung bequem und leicht sein – dünne Baumwoll- oder Leinenstoffe eignen sich am besten.
- Waschen Sie sich vor jeder Behandlung die Hände mit lauwarmem Wasser.
- Einige Tropfen ätherisches Sandelholzöl in der Duftlampe sorgen für innere Ruhe während der Behandlung.

Sich innerlich auf Ruhe einzustellen ist nicht immer ganz einfach. Selbst wenn äußere Störfaktoren wie Telefon oder Straßenlärm ausgeschaltet sind, wird unser Geist durch eine Flut innerer Bilder bestürmt.

Mindestens eine Stunde vor der Aura-Heilung sollten Sie nichts essen – das gilt auch für Ihren Partner. Trinken Sie gemeinsam mit Ihrem Partner unmittelbar vor der Behandlung eine Tasse heißes Wasser (am besten eignet sich Quellwasser). Durch diese ayurvedische Maßnahme tragen Sie dazu bei, Gifte aus dem grob- und feinstofflichen Leib zu lösen und auszuscheiden.

Harmonisierende Aura-Massage

Die folgende Behandlung ist die traditionelle Methode, um die Aura Ihres Partners zu harmonisieren. Folgen Sie einfach den unten beschriebenen Schritten, ohne dass Sie sich dabei allzu viele Gedanken machen. Durch die Aura-Massage führen Sie ganz von selbst an den Stellen Energie zu, die Energie brauchen, und lösen Blockaden an Stellen, an denen sich Energien zu sehr verdichtet haben.

Für die Partnerübungen ist es wichtig, einen aufgeschlossenen Partner zu finden. Doch selbst skeptische Zeitgenossen werden von den Wirkungen der Übungen schnell überzeugt sein.

- Bitten Sie Ihren Partner, sich auf den Rücken zu legen.
- Bitten Sie Ihren Partner, die Augen zu schließen, entspannt zu atmen und alle Gedanken und Sorgen loszulassen. Nehmen Sie sich etwas Zeit, um Ihre Handchakras zu aktivieren und mit Energie aufzuladen (siehe Seite 143f.).
- Legen Sie Ihre linke Hand auf Ihr Herzchakra, also etwa in die Mitte Ihrer Brust. Halten Sie die rechte Handfläche über die Stirn Ihres Partners.

WICHTIG Während der ganzen Behandlung bleibt Ihre rechte, aktive Hand in einem kleinen Abstand zum Körper Ihres Partners. Sie berühren Ihren Partner also nicht körperlich. Die Entfernung zwischen Ihrer Handfläche und dem Körper Ihres Partners sollte zwischen zwei und 20

Zu Beginn der Aura-Massage legen Sie Ihre linke Hand auf Ihr Herzchakra und halten die rechte in einigem Abstand über die Aura Ihres Partners.

Zentimeter betragen. Sie werden ganz von selbst spüren, an welchen Stellen Sie näher an den Körper Ihres Partners müssen und an welchen Sie den Abstand vergrößern können, ohne dass der Kontakt zur Aura verloren geht.

- Lassen Sie Ihre rechte Hand langsam kreisen – stellen Sie sich vor, wie Sie die Aura-Energie Ihres Partners gleichmäßig über dem Kopf verteilen.
- Bewegen Sie Ihre rechte Hand nun sehr langsam und fließend nach unten – über Mund, Hals und Brustbein bis zur Mitte der Brust, also zum Anahata-Chakra (Herzchakra) Ihres Partners. Führen Sie hier wieder einige Atemzüge lang kreisende Bewegungen durch.
- Lassen Sie Ihre Hand weiter nach unten gleiten, über Magen und Bauchnabel bis kurz unterhalb des Bauchnabels. Lassen Sie die Hand über dem Svadhistana-Chakra (Sakralchakra) kreisen, wenige Fingerbreit unterhalb des Bauchnabels, und stellen Sie sich vor, wie Sie Blockaden in diesem Bereich durch die kreisenden Bewegungen lösen.
- Kreisen Sie mit Ihrer rechten Hand anschließend sehr langsam über dem Becken, den Oberschenkeln, Knien und Unterschenkeln bis hinab zu den Füßen und Zehen. Verweilen Sie, wenn Sie Blockaden oder einen Energiemangel in der Aura bemerken und streichen Sie mit Ihrer Handfläche einige Male über der Stelle kreisend auf und ab.

Nach der Aura-Massage der vorderen Körperpartien dreht sich Ihr Partner langsam auf den Bauch, damit die Massage auf der Körperrückseite fortgesetzt werden kann.

- Legen Sie nun die rechte Hand auf Ihre linke – beide Hände liegen jetzt auf Ihrem Herzchakra. Sammeln Sie Ihre Energien und atmen Sie einige Male tief und entspannt. Bitten Sie Ihren Partner, sich langsam auf den Bauch zu drehen (siehe Abbildungen Seite 149).
- Führen Sie anschließend wieder die rechte Hand zur Aura Ihres Partners – die linke bleibt wie zuvor auf Ihrem Herzchakra liegen. Führen Sie die rechte Hand mit kreisenden Bewegungen langsam aufwärts – von den Fußsohlen über die Waden und Oberschenkel bis hinauf zum Gesäß.
- Halten Sie auf Höhe des Kreuzbeins (am unteren Rücken) sowie auf Höhe des Herzchakras (Brustwirbelsäule) kurz inne und lassen Sie Ihre Hand an diesen Stellen etwas länger kreisen.
- Verteilen Sie die Aura-Energie Ihres Partners über den ganzen Rücken, die Schultern und den Nacken bis hinauf zum Hinterkopf und beenden Sie die Aura-Massage, indem Sie Ihre Hand noch kurz über den Scheitel Ihres Partners führen (auf Höhe des Kronenchakras), ohne ihn jedoch zu berühren.
- Bitten Sie Ihren Partner, der Übung noch eine Weile nachzuspüren und die Wirkungen der Behandlung zu genießen. Währenddessen entfernen Sie sich einige Schritte, schütteln die Hände sanft aus und entspannen sich im Sitzen oder Liegen.
- Als Schutz vor Energieverlust sollten Sie abschließend sieben Atemzüge durchführen. Atmen Sie dabei ausschließlich durch die Nase: Atmen Sie jeweils vier Sekunden lang ein und acht Sekunden lang aus. Gehen Sie behutsam vor und erzwingen Sie nichts.

Bei den Partnerübungen sollte ein ausgewogenes Verhältnis zwischen den Erfahrungen des Behandlers und den Erfahrungen des Behandelten herrschen. Lassen Sie Raum für beides.

Nach der Behandlung können Sie sich mir Ihrem Partner austauschen. Natürlich sollten auch Sie ihm schildern, ob und wo Sie Energieblockaden gespürt haben, doch vor allem sollten Sie ihm die Gelegenheit geben, von seinen Erfahrungen zu berichten.

Chakrazentrierte Aura-Behandlung

Die folgende Übung eignet sich besonders dazu, körperliche Probleme in den Griff zu bekommen. Sie heilen die Aura Ihres Partners dabei über das Chakra, das den Heilungsprozess im betroffenen Bereich jeweils am besten aktiviert.

Die Pyramiden-Handstellung ist eine wichtige Handhaltung bei der Aura-Heilung. Üben Sie sie so lange, bis Sie sie problemlos anwenden können.

Pyramiden-Handstellung

Sie benutzen diesmal beide Hände für die Behandlung. Machen Sie sich zunächst mit der richtigen Handstellung vertraut: Strecken Sie beide Arme leicht nach vorne aus – die Ellbogen bleiben dabei jedoch etwas angewinkelt. Ohne die Unterarme zu bewegen, heben Sie die Hände aus den Handgelenken leicht nach oben, sodass die Handflächen nach vorne zeigen – spreizen Sie die Daumen ab, alle anderen Finger bleiben geschlossen. Führen Sie die Hände nun so zueinander, dass sich jeweils die Daumen- und Zeigefingerkuppen berühren. Die freie Fläche zwischen Ihren Fingern bildet dabei eine Pyramide (die Daumen bilden das waagrechte Fundament, während Ihre Zeigefinger das Dreieck schließen).

Die Pyramiden-Handstellung wird Ihnen anfangs etwas ungewohnt vorkommen. Mit etwas Übung beherrschen Sie sie jedoch mühelos.

Die richtige Körperhaltung

Für die chakrazentrierte Behandlung stehen Sie Ihrem Partner frontal gegenüber – die Entfernung beträgt etwa einen Meter. Achten Sie darauf, dass Ihre Hände während der Behandlung entspannt bleiben – knicken Sie die Handgelenke nicht zu stark nach oben ab. Denn wenn die Handgelenke unter einer unangenehmen Spannung stehen, kann die Energie nicht mehr frei fließen. Bei einem besonders kleinen Partner kann die Behandlung etwas schwierig werden, wenn Sie die Aura über die unteren drei Chakras harmonisieren. Sie können dann entweder auf die Knie gehen oder sich auf einen Hocker setzen.

Bei der chakrazentrierten Aura-Behandlung finden Sie mit der Zeit ganz von alleine heraus, welches Chakra Ihrer besonderen Aufmerksamkeit bedarf.

Ablauf der Behandlung

Wählen Sie das Chakra aus, das den Beschwerden oder Erkrankungen Ihres Partners zugeordnet ist (siehe Tabelle auf Seite 153).

- Bitten Sie Ihren Partner, die Augen zu schließen. Stellen Sie sich vor Ihren Partner und bilden Sie mit Daumen und Zeigefingern die Pyramide. Halten Sie Ihre Hände so, dass das erwählte Chakra im Mittelpunkt der Pyramide liegt. Ihre Hände berühren Ihren Partner dabei nicht – der Abstand zwischen seinem Körper und Ihren Handflächen sollte mindestens 10 bis 15 Zentimeter betragen.
- Sobald Sie die richtige Höhe gefunden haben, schließen Sie ebenfalls die Augen. Visualisieren Sie Licht, das aus Ihrer Aura in Ihre Hände und von dort aus weiter in das Chakra Ihres Partners strömt. Die Farbe des Lichts sollte dabei der Farbe des Chakras entsprechen, das Sie aktivieren – Angaben dazu finden Sie ebenfalls in der nebenstehenden Tabelle.
- Stellen Sie sich vor, wie das Licht vom ausgewählten Chakra Ihres Partners in seine Aura weiterströmt – wie seine ganze Aura in die Farbe getaucht wird, die diesem Chakra entspricht.

Nehmen Sie sich für diese Visualisierung mindestens zehn Minuten Zeit. Entfernen Sie Ihre Hände nach der Übung ganz langsam aus dem Aura-Bereich Ihres Partners. Bitten Sie ihn, den Wirkungen der Behandlung noch etwas nachzuspüren, und entfernen Sie sich währenddessen einige Schritte von ihm. Schütteln Sie Ihre Hände sanft aus, setzen oder legen Sie sich hin und entspannen Sie sich. Um sich Ihrerseits vor Energieverlust zu schützen, sollten Sie anschließend noch sieben Atemzüge durchführen.

Wirkungsbereiche der Chakras

Beschwerden	Chakra	Farbe
Darmbeschwerden, Verstopfung, Rückenschmerzen, Ischiasleiden, Krampfadern, Prostataleiden, Knochenerkrankungen, Blutarmut zehn Zentimeter Abstand!)	Muladhara-Chakra (Wurzelchakra); halten Sie Ihre Hände etwas unterhalb des Schambeins vor den Körper Ihres Partners (mindestens	Rot: Visualisieren Sie strahlend rotes Licht, das in die Aura Ihres Partners fließt
Menstruationsbeschwerden, Prostataerkrankungen, Potenzstörungen, Blasen- und Nierenprobleme, Erkrankungen von Blut oder Lymphe	Svadhisthana-Chakra (Sakralchakra); halten Sie Ihre Hände einige Fingerbreit unterhalb des Bauchnabels vor den Körper Ihres Partners (mindestens zehn Zentimeter Abstand!)	Orange: Visualisieren Sie leuchtend orangefarbenes Licht, das in die Aura Ihres Partners fließt
Magenbeschwerden, Erkrankungen der Leber, Verdauungsstörungen, Appetitlosigkeit, Rückenschmerzen, Diabetes mellitus, Übergewicht, Arthritis, Schlafstörungen	Manipura-Chakra (Nabelchakra); halten Sie Ihre Hände einige Fingerbreit oberhalb des Bauchnabels vor den Körper Ihres Partners (mindestens zehn Zentimeter Abstand!)	Gelb: Visualisieren Sie frisches gelbes Licht, das in die Aura Ihres Partners fließt
Herzbeschwerden, Schmerzen im Brustbereich, Blutdruckstörungen, Lungenbeschwerden, Husten, Erkältungen, Asthma bronchiale, Rückenschmerzen, Schulterschmerzen	Anahata-Chakra (Herzchakra); halten Sie Ihre Hände vor die Brust Ihres Partners (mindestens zehn Zentimeter Abstand!)	Grün: Visualisieren Sie sanftes grünes Licht, das in die Aura Ihres Partners fließt
Halsschmerzen, Mandelentzündung, Zahnschmerzen, Nacken- und Schulterschmerzen, Schilddrüsenleiden, Ohrenschmerzen, Sprachstörungen	Vishuddha-Chakra (Halschakra); halten Sie Ihre Hände vor den Kehlkopf Ihres Partners (mindestens zehn Zentimeter Abstand!)	Hellblau: Visualisieren Sie leuchtend hellblaues Licht, das in die Aura Ihres Partners fließt
Kopfschmerzen, Augenleiden, Hörschwäche, Sehschwäche, Nebenhöhlenentzündung, Erkrankungen des Gehirns	Ajna-Chakra (Stirnchakra); halten Sie Ihre Hände über die Mitte der Stirn vor den Körper Ihres Partners (mindestens zehn Zentimeter Abstand!)	Dunkelblau: Visualisieren Sie kräftig dunkelblaues Licht, das in die Aura Ihres Partners fließt
Migräne, chronische Krankheiten, Nervenleiden, Immunschwäche, Atemstörungen	Sahasrara-Chakra (Kronenchakra); halten Sie Ihre Hände von oben über den Scheitel Ihres Partners (mindestens zehn Zentimeter Abstand!)	Violett oder Gold: Visualisieren Sie hellviolettes oder strahlend goldenes Licht, das in die Aura Ihres Partners fließt

Die Aura-Heilung durch Intonieren des Mantras OM ist besonders wirkungsvoll, da Sie die Aura Ihres Partnes direkt mit dem Ton erreichen.

Atmen Sie dabei durch die Nase – jeweils vier Sekunden lang ein und acht Sekunden lang aus.

Aura-Heilung durch Klänge

Verschwenden Sie bei der Behandlung mit Klängen keinen Gedanken an den Wohl- oder Missklang Ihrer Stimme – sie gibt lediglich energetische Strömungen wider.

Statt Ihrer Hände können Sie auch Klänge nutzen, um die Aura Ihres Partners zu reinigen und somit körperliche oder seelische Probleme zu lindern. Die Heilkraft des Klangs war in alten Kulturen schon vor Jahrtausenden bekannt. Heute hat auch die moderne Musiktherapie entdeckt, wie wohltuend sich Klänge auf Körper und Seele auswirken. Die folgenden Techniken ermöglichen es Ihnen, die Aura Ihres Partners zu harmonisieren und energetische Blockaden aufzulösen.

Aura-Reinigung durch das Mantra OM

Traditionell werden im Yoga Mantras – Urlaute mit heilenden Schwingungen – benutzt. Durch die Silbe OM können Sie Ihre eigene Aura oder die Ihres Partners am schnellsten von negativen Energien befreien. Setzen Sie sich in ein bis zwei Metern Entfernung vor Ihren Partner. Beide sollten die

Augen schließen und sich entspannen. Lassen Sie dann mit jedem Ausatmen ein weiches, lang gezogenes und eher leise gesungenes OM erklingen. Wiederholen Sie dies mindestens 14-mal. Stellen Sie sich dabei vor, wie Sie den OM-Klang direkt in die Aura Ihres Partners schicken und wie Energieblockaden dadurch sanft aufgelöst werden.

Klangschalen aller Art bekommen Sie im esoterischen Fachhandel. Welche Sie bevorzugen, bleibt ganz Ihrem persönlichen Geschmack und Ihrer Intuition überlassen.

Aura-Behandlung mit der Klangschale

Neben der eigenen Stimme können auch Klangschalen wertvolle Dienste leisten, um die Aura positiv zu beeinflussen. Die dabei erzeugten Obertöne werden auch von indischen Sitar-Spielern oder tibetischen Mönchen genutzt. Diese über dem Grundton schwingenden Obertöne können das Energiesystem des Zuhörers tiefgreifend transformieren, sofern er bereit ist, sich für diese Schwingungen der Klänge zu öffnen.

Klangschalen erzeugen lange, meditative Töne, die nur langsam verklingen und sich optimal für heilsame Klangmassagen eignen. Die besten Klangschalen stammen aus Nepal und werden mit Schlägeln aus Filz, Holz oder Leder angeschlagen. Je größer die Klangschale, desto runder, weicher und obertonreicher ist ihr Klang. Mit Klangschalen erzeugen Sie sanfte Vibrationen, die Muskeln, Gelenke und Organe anregen und die Aura reinigen.

- Bitten Sie Ihren Partner, sich entspannt auf den Rücken zu legen und die Augen zu schließen.
- Stellen Sie die Klangschale auf Ihre linke Handfläche. Die Finger sollten ausgestreckt sein und nicht um die Schale greifen, da sich der Klang sonst nicht entfalten kann.
- Halten Sie die Schale in höchstens einem Meter Entfernung über den Körper Ihres Partners. Um seine Aura zu reinigen, lassen Sie die Schale über fünf verschiedenen Körperstellen erklingen:
  1. Halten Sie die Schale über die Fußgelenke. Schlagen Sie sie mit dem Schlägel an und warten Sie nach dem Anschlagen 30 Sekunden, bis der Ton vollkommen verklungen ist. Wiederholen Sie dies dreimal.
  2. Halten Sie die Schale über die Knie. Schlagen Sie sie dreimal an – und

Bei der Behandlung mit der Klangschale sollten Sie besonders vorsichtig sein, da manche Menschen empfindlich auf Töne und Geräusche reagieren.

warten Sie danach jeweils lange genug, bis der Klang völlig verklungen ist.

3. Halten Sie die Schale über den Bauchnabel. Schlagen Sie sie erneut dreimal an und pausieren Sie dazwischen rund 30 Sekunden.
4. Halten Sie die Schale über die Mitte der Brust. Schlagen Sie die Schale dreimal an.
5. Halten Sie die Schale über die Stirn. Diesmal vergrößern Sie den Abstand deutlich, auf mindestens 1,5 Meter. Schlagen Sie die Schale über dem Kopf deutlich leiser an, empfindliche Personen finden es unangenehm, wenn Klangschalen in Kopfnähe zu laut ertönen. Schlagen Sie sanft mit dem Schlägel, warten Sie anschließend 30 Sekunden, bis der Ton vollkommen verklungen ist und wiederholen Sie dies dreimal.

Lassen Sie Ihrem Partner etwas Zeit, um den Wirkungen der Klangmassage auf seine Aura nachzuspüren. Der positive Nebeneffekt besteht bei dieser Technik darin, dass Sie auch Ihre eigene Aura reinigen. Beobachten Sie daher auch selbst, was sich bei Ihnen während der Behandlung verändert.

Dass Düfte Stimmungen beeinflussen und uns beruhigen oder beleben können, ist schon lange bekannt – über den Zusammenhang ätherischer Öle mit der Aura wissen die meisten Menschen noch nichts.

Feinstoffliche Heilmittel

Es gibt außer den beiden beschriebenen Medien der Heilung (die eigene Aura-Energie und der heilende Klang) auch noch einige feinstoffliche Heilmittel, die als Medium der Aura-Heilung dienen können. Im Folgenden sollen zwei der wichtigsten angesprochen werden:

Ätherische Öle

Ätherische Öle können Sie grundsätzlich bei jeder Aura-Behandlung einsetzen. Dazu gibt es im Wesentlichen zwei Möglichkeiten:

- Sie lassen während oder vor der Behandlung die entsprechende Essenz in einer Duftlampe verdampfen.
- Sie mischen 1 Teelöffel Sesamöl mit 3 Tropfen ätherischem Öl, verteilen diese Mischung in den Händen und führen die »Harmonisierende Aura-Massage« (siehe Seite 148ff.) wie gewohnt durch.

Heilsteine

Heilsteine vermögen Energie zu bündeln und können ganz gezielt bei der Aura-Massage eingesetzt werden, da jeder Heilstein eine besondere Farbenergie hat, die sowohl mit den Schichten der Aura als auch mit den Chakras korrespondiert. Es gibt wiederum mehrere Möglichkeiten, wie Sie Heilsteine für die Aura-Heilung einsetzen können:

Achtung: Wenn Sie leicht Energie bei Behandlungen verlieren, dürfen Sie Ihrem Partner nicht noch zusätzlich einen Heilstein in die Hand geben! Die Energie wird dann regelrecht aus Ihnen herausgesogen.

- Sie legen den Stein Ihrer Wahl in den Raum, in dem Sie behandeln. Allein diese Maßnahme wird die Behandlung intensivieren.
- Sie halten den Heilstein in der linken Hand, während Sie die »Harmonisierende Aura-Massage« (siehe Seite 148ff.) durchführen. Sie drücken ihn während der Behandlung mit der Handfläche an die Brust, halten ihn also über Ihr Herzchakra.
- Sie geben Ihrem Partner einen Heilstein in die linke Hand, während Sie ihn behandeln. Dadurch nimmt er besser Energie an.

Heilende Herzgedanken

Abschließend möchte ich Ihnen noch eine ganz einfache Möglichkeit vorstellen, Menschen mit Energie zu versorgen: Denken Sie an sie. Alle Religionen kennen eine besonders schöne Form des Gebetes: ein Gebet, in dem sie nichts für sich selbst erbitten, sondern für jene, die sie im Herzen tragen. Je bewusster Sie sich Ihrer Aura und der Aura anderer Menschen sind, desto wirksamer ist ein solches Gebet. Indem Sie anderen Menschen Kraft geben, gewinnen Sie selbst an Kraft. Das ist das Geheimnis der Aura-Heilung. Schicken Sie heilende Herzgedanken in die Welt:

- Halten Sie den Menschen, dem Sie Energie schicken wollen, ganz in Ihrem Herzen. Legen Sie dabei die linke Hand über Ihr Anahata-Chakra (Herzchakra) und halten Sie die rechte Hand etwa zehn Zentimeter vom Körper entfernt über Ihr Herzchakra.
- Befreien Sie sich von allen ichbezogenen Gedanken und Sorgen und öffnen Sie sich für die Kraft des Göttlichen.
- Stellen Sie sich vor, wie die Kraft der Liebe von Ihnen ausstrahlt und die Aura des Menschen, dem Sie bei seiner Heilung helfen wollen, auflädt.
- Atmen Sie tief ein und aus. Bei jedem Einatmen nehmen Sie Energie auf, die Sie dann beim Ausatmen in die Welt senden.

Aura-Wahrnehmung im Alltag

Sie haben bisher viel über Spiritualität, seelische Entwicklung, feinstoffliche Energien und Heilung erfahren, da der Mensch im Grunde seines Herzens ein spirituelles Wesen ist. Und dennoch leben wir in einer materiellen Welt. Die materielle und die spirituelle Welt sind jedoch nur scheinbar getrennt. Im Folgenden soll Ihnen anhand alltäglicher, praktischer Beispiele gezeigt werden, wie Sie Ihre Fähigkeiten zum Aura-Lesen auch im Alltag sinnvoll einsetzen können.

Die Wahl der richtigen Nahrungsmittel

Der Mensch ist, was er isst – und dies trifft nicht nur auf die rein körperliche Ebene zu. Ob wir der Welt auch seelisch energiegeladen und gestärkt und mit strahlender Aura gegenübertreten, hängt entscheidend davon ab, wie wir uns ernähren.

Unsere subtile Wahrnehmung lässt sich auch ganz praktisch im Alltag einsetzen – vom Einkaufen bis zum Umgang mit Familie und Freunden. Dieser Nutzen sollte allerdings nicht im Vordergrund stehen.

Einkaufen

Der materielle Leib braucht – ebenso wie der spirituelle – Energie, und diese Energie gewinnt er durch Nahrung. Wer jedoch ausschließlich »tote« Nahrung, z.B. aus Konserven, zu sich nimmt, wird schnell Lebensenergie verlieren. Wer zu viel Fleisch isst, wird in seinem ganzen Wesen zum Materiellen hingezogen, strenge Vegetarier dagegen neigen dazu, den Kontakt zur materiellen Welt zu schwächen. Ernährungswissenschaftler haben herausgefunden, dass zu viel Fett, Zucker oder Fleisch ungesund ist. Die zahlreichen Ernährungstheorien widersprechen einander zwar oft, haben aber eines gemeinsam: Sie versuchen, dem Menschen durch Regeln und Vorschriften zu einem gesünderen Leben zu verhelfen. Sicherlich sind viele dieser Regeln gut und sinnvoll – besser wäre es aber, wenn wir selbst erkennen könnten, was uns gut tut.

Viele Menschen sind erstaunt, wenn sie erfahren, dass jeder von uns die Fähigkeit in sich trägt zu erkennen, was ihm gut tut und was nicht. Sie ist eng mit unseren anderen schlummernden Fähigkeiten verbunden. Wenn Sie gelernt haben, die Aura zu lesen, werden Sie keine Schwierigkeiten haben, diese Fähigkeit in sich zu entdecken. Alles, was Sie zusätzlich brauchen, ist das Wissen, dass Sie diese Fähigkeit tatsächlich haben! Wenn Sie das nächste Mal einkaufen gehen, können Sie Ihre feinstoffliche Wahrnehmung dazu einsetzen, um ausschließlich Nahrungsmittel zu kaufen, die Ihnen wirklich gut tun.

- Folgen Sie zunächst einfach Ihrer Intuition und greifen Sie zu den Nahrungsmitteln, die Sie ansprechen. Dabei werden Sie schon oft richtig liegen – doch manchmal täuscht das Äußere. Setzen Sie deshalb auch Ihre Fähigkeit zur Aura-Wahrnehmung ein.
- Wenn das Nahrungsmittel Lebensenergie in sich trägt, werden Sie eine Aura wahrnehmen können. Das ist schon einmal gut. Wenn Sie keinerlei Aura bei diesem Lebensmittel erkennen, sollten Sie es besser nicht einkaufen.
- Wenn Sie eine Aura bei einem bestimmten Nahrungsmittel wahrnehmen, sollten Sie es sich genau ansehen: Ist die Aura harmonisch? Nehmen Sie ein positives Gefühl wahr?
- Schließlich können Sie prüfen, ob das Nahrungsmittel auch mit Ihrer Energie harmoniert: Legen Sie die linke Hand über Ihr Nabelchakra und halten Sie die rechte über das Nahrungsmittel. Dabei wird sich die Farbe der Aura (die Tastwahrnehmung, der Klang, das Gefühl) leicht verändern. Nehmen Sie diese Veränderung als angenehm wahr, ist das Nahrungsmittel besonders gut für Sie.

Auch Nahrungsmittel haben eine Aura. Wenn Sie diese nicht spüren können, sollten Sie das entsprechende Nahrungsmittel lieber meiden.

Was ist im Kühlschrank?

Wenn Sie sich mit der Aura von Nahrungsmitteln beschäftigen, lohnt es sich auch, damit zu beginnen, was Sie bereits vorrätig haben. Vielleicht befinden sich in Ihrem Kühlschrank Lebensmittel, die Ihnen nicht gut tun, die leblos sind oder negative Energien in sich tragen? Wenden Sie die oben beschriebenen Methoden an, um dies zu überprüfen.

Es ist ebenfalls empfehlenswert, dies zu tun, bevor Sie das nächste Mal einkaufen gehen, da sich negative Energien auf andere Nahrungsmittel übertragen können. Wahrscheinlich haben Sie schon einmal beobachtet, wie ein Nahrungsmittel Schimmel ansetzt – kaum ist ein Teil befallen, verdirbt auch das restliche Nahrungsmittel rasend schnell. Das ist natürlich ein Extremfall. Aber auch Nahrung, die Ihnen einfach nicht gut tut, kann ihre negative Energie auf Sie übertragen.

Sie können das anhand eines kleinen Experiments überprüfen: Nehmen Sie ein Nahrungsmittel, von dem Sie wissen oder spüren, dass es Ihnen Energie raubt – oder sogar verdorbene Nahrung. Legen Sie diese in einen luftdicht verschlossenen Behälter. Legen Sie nun einen gesunden Apfel neben diesen Behälter und einen anderen Apfel an eine Stelle mit positiver Energie. Probieren Sie nach einem Tag den Geschmack der beiden Äpfel – sicherlich werden Sie einen Unterschied feststellen können!

Vielleicht kämpfen Sie mit einem Problem, wenn Sie auf negativ geladene Lebensmittel in Ihrem Kühlschrank stoßen: Ist es nicht unverantwortlich, Lebensmittel einfach wegzuwerfen, wo doch so viele Menschen auf der Welt hungern? Das stimmt natürlich. Doch bedenken Sie, dass es keinem Menschen auf der Welt gut tut, wenn Sie Nahrung zu sich nehmen, die Ihnen Energie raubt! Werden Sie Ihrer Verantwortung in Zukunft gerecht, indem Sie nur noch wertvolle Nahrung einkaufen.

Sie werden erstaunt sein, wie viel Ihnen die Aura eines anderen Menschen über dessen Befindlichkeit und momentane Stimmung verrät. Nutzen Sie diese Wahrnehmung, um sensibel auf Ihr Gegenüber einzugehen.

Stimmungen lesen

Eines der wichtigsten Dinge in unserem Leben sind die Beziehungen zu unseren Mitmenschen. Mensch ist man nur im Verhältnis zu anderen Menschen. Erst durch die Begegnung mit anderen wachsen wir und entwickeln unsere Persönlichkeit.

Es ist aber leider so, dass sich die Begegnungen mit anderen nicht immer einfach gestalten. Wir haben gelernt, unsere Gefühle vor anderen zu verbergen – aus Höflichkeit (im besten Fall) oder um Vorteile zu gewinnen. Nicht selten ist es aber einfach nur die Angst, Gefühle zu zeigen.

Wenn Sie die Aura lesen können, wird niemand seine Gefühle vor Ihnen verbergen können. Das bedeutet nicht, dass Sie in die Privatsphäre anderer Menschen eindringen – Gefühle wollen sich ausdrücken und sie tun es oft nur nicht, weil sie unterdrückt werden. Wenn Sie die Gefühle anderer Menschen in ihrer Aura lesen, verstehen Sie Ihre Mitmenschen besser, können sich besser in sie einfühlen und angemessen auf sie eingehen. Nicht nur Sie selbst, sondern auch andere Menschen werden gewinnen, wenn Sie sie sehen, wie sie wirklich sind.

- Wenn Sie als Angestellter dazu in der Lage sind, die Aura zu lesen, werden Sie weniger leicht Opfer von Mobbing-Attacken, weil Sie die wahren Gefühle Ihrer Kollegen und Vorgesetzten frühzeitig erkennen.
- Wenn Sie als Vorgesetzter die Aura wahrnehmen können, schaffen Sie ein gutes Arbeitsklima, weil Sie zwischenmenschliche Probleme im Ansatz erkennen und ihre Wurzeln verstehen; Sie können Ihre Mitarbeiter zudem besser motivieren.
- Bei Beziehungen ist es von Vorteil, die Aura wahrnehmen und deuten zu können, da Sie dadurch viele Missverständnisse vermeiden; Sie erkennen die Gefühle Ihres Partners, auch wenn diese nicht dem entsprechen, was er oder sie sagt.
- Als Eltern begreifen Sie die Bedürfnisse Ihrer Kinder besser und können ihre Entwicklung optimal fördern, wenn Sie die Fähigkeit zum Aura-Lesen haben.
- Auch in alltäglichen Begegnungen hilft Ihnen die Aura-Wahrnehmung: Sie verstehen sich gut mit Menschen und knüpfen leichter Freundschaften, da sich die Menschen zu Ihnen hingezogen fühlen.

Mit Ihrer neu gewonnenen Fähigkeit zur Aura-Wahrnehmung sollten Sie es natürlich vermeiden, andere bloßzustellen – das schadet nur wieder Ihrer eigenen Aura.

Aura-Lesen als »Lügendetektor«

Gefühle unbewusst zu verbergen ist eine Sache – bewusst zu lügen eine andere. Und Lügen in der Aura zu erkennen ist noch viel leichter, als komplexe Gefühlsmuster zu erkennen. Es ist übrigens auch leichter, Lügen an der Aura zu erkennen als an der Körpersprache, in der sie sich ebenfalls oft ausdrücken. Gute Schauspieler haben auch ihre Körpersprache unter Kontrolle – ihre Aura jedoch nicht!

Die Fähigkeit, Unaufrichtigkeit in anderen Menschen zu erkennen, kann im Alltag sehr hilfreich sein – allerdings nur, wenn man dabei eine angemessene Geisteshaltung bewahrt. Es sollte nicht darum gehen, andere triumphierend mit kleinen oder größeren Unwahrheiten zu konfrontieren. Damit würden Sie sich nur selbst schaden. Sie sollten Ihre Fähigkeit als »Lügendetektor« ganz bewusst einsetzen und es nicht zur Gewohnheit werden lassen, andere Menschen jeder kleineren Lüge zu überführen. Natürlich wäre es wünschenswert, immer und überall die Wahrheit zu sagen, die meisten Menschen können das jedoch nicht.

Manchmal ist es allerdings ausgesprochen nützlich zu wissen, ob der Gesprächspartner die Wahrheit sagt: In einem Verkaufsgespräch beispielsweise kommt es häufig zu Übertreibungen, die an Unwahrheit grenzen. Der Verkäufer will verkaufen – aber wollen Sie auch haben, was er anpreist? Indem Sie seine Aura beobachten, können Sie einschätzen, wie aufrichtig er ist. Möglicherweise werden Sie auch positiv überrascht sein: Es gibt auch viele Verkäufer, die verantwortungsvoll beraten und Ihnen die tatsächlichen Vorzüge einer Ware darstellen.

Richten Sie Ihre Aufmerksamkeit auf das Kehlchakra, wenn Sie herausfinden wollen, ob die Wahrheit gesagt wird – dort werden Lügen sofort sichtbar. Selbst wenn das Aura-Sehen nicht Ihre Stärke ist, werden Sie bemerken, dass die Aura um das Kehlchakra herum dunkler wird, wenn eine Lüge ausgesprochen wird. Ein Nebeneffekt, wenn Sie dies beobachten: Sie sehen direkt, wie Unwahrheiten die Aura schwächen – eine gute Motivation, sich selbst um mehr Aufrichtigkeit zu bemühen!

Sich vor negativen Menschen schützen

Manche Menschen wirken als regelrechte Energieräuber. Nach einer Begegnung mit ihnen fühlen Sie sich ausgelaugt und erschöpft. Davor können Sie sich mit Ihrer Aura schützen.

Im Allgemeinen können Sie sich vor schlechten Einflüssen schützen, indem Sie selbst Liebe und Verständnis ausstrahlen. Das hilft jedoch leider nicht immer. Der beste Weg, um mit Menschen umzugehen, die ausgesprochen negative Energien verbreiten, besteht darin, das Negative zu registrieren und anschließend zu ignorieren. Je mehr Sie Ihre Aufmerksamkeit auf Negatives, Böses oder Schlechtes richten, desto eher wird es in Ihrem Bewusstsein Fuß fassen können und im Laufe der Zeit immer mehr Raum einnehmen.

Es hat etwas sehr Selbstzerstörerisches, wenn jemand sich immer nur mit Negativem befasst – er sieht sich politische Sendungen an, bei denen er sich ärgert; er liest jede Schreckensmeldung in der Zeitung und erregt sich; er sucht (und findet) schließlich bei jedem Menschen und auch bei sich selbst das Mangelhafte.

Manchmal ist man jedoch auch dazu gezwungen, sich in der Nähe von Menschen aufzuhalten, die negative Energien ausstrahlen, beispielsweise im Beruf. Ein wirksames Mittel dagegen ist, wie bereits erwähnt, selbst positive Energie auszusenden, welche die negative bis zu einem gewissen Grad neutralisiert. Auf Dauer kann das jedoch auslaugen.

Sie haben bisher zwei Schutzübungen für die Aura kennen gelernt (siehe Seite 74f. und Seite 141f.) – diese Übungen sind ebenfalls hilfreich, wenn Sie genötigt sind, regelmäßig Menschen mit negativer Ausstrahlung gegenüberzutreten.

Aggressionen umwandeln

Neben den Aura-Schutzübungen und dem Versuch, negativen Energien die eigenen positiven entgegenzustellen gibt es eine weitere – und sehr effektive – Möglichkeit, sich vor negativen Energien zu schützen: Sie können sie in positive umwandeln! Dazu brauchen Sie allerdings ein recht gut entwickeltes Energiebewusstsein, d. h., Sie sollten in der Lage sein, die Aura anderer Menschen mühelos wahrzunehmen (egal mit welchem Ihrer Sinne), und Sie sollten grundlegende Fähigkeiten zur Heilung besitzen. Denken Sie nicht allzu lange darüber nach, ob dies auf Sie zutrifft – probieren Sie es einfach aus!

Auch Aggressionen sind Energien – sie sind zwar negativ, dafür aber sehr stark. Mithilfe der Aura können Sie sie in positive Schwingungen umwandeln.

Menschen mit negativen Energien senden diese auch aus. Das gilt ganz besonders für aggressive Zeitgenossen. Ihre Aura pulsiert auf den unteren Ebenen und zieht meist die Aura der Menschen in ihrer Umgebung in Mitleidenschaft. Deshalb reicht es oft schon aus, einen einzigen aggressiven Menschen in einer Gruppe zu haben, um die Stimmung kippen zu lassen. Aggressionen sind ansteckend.

Wichtig ist nun, sich klarzumachen, dass auch diese im Grunde schädliche Energie immer noch Energie ist. Wenn Sie in Ihrer Wahrnehmung geschult und achtsam sind, werden Sie feststellen, wie diese Energie sich in erster Linie über die unteren drei Chakras einschleicht und Ihre Aura verzerrt. Sie beginnen, sich unwohl zu fühlen, und spüren das in der Regel direkt im Bauch; dort wo sich die Energie Eintritt verschafft. Probieren Sie nun Folgendes aus:

- Legen Sie Ihre rechte Hand flach auf das Nabelchakra, das sich etwas oberhalb des Bauchnabels befindet. Dieses Handauflegen stellt bereits einen gewissen Schutz dar, und Sie werden spüren, wie der negative Energiefluss nachlässt.
- Legen Sie anschließend Ihre linke Hand über das Herzchakra auf die äußerste Schicht der Aura, die Sie noch spüren können. Der Fluss der negativen Kräfte sollte jetzt ganz oder nahezu zum Stillstand gekommen sein.
- Bewegen Sie nun ganz langsam und achtsam Ihre linke Hand zum Körper hin, während Sie die rechte vom Körper lösen und das Nabelchakra wieder öffnen.
- Wenn die Übung richtig durchgeführt wurde, werden Sie zu Ihrer Freude und Ihrem Erstaunen feststellen können, dass nun positive Energie in Ihr Nabelchakra strömt!

Mit der rechten Hand auf dem Nabelchakra und der linken Hand an der äußersten Aura-Schicht über dem Herzchakra können Sie negative in positive Energie umwandeln.

Wenn Sie diese Übung zum ersten Mal machen, wird sie für Sie vielleicht wie ein Schock sein (allerdings ein angenehmer!). Anstatt unter Aggressionen oder anderen negativen Ausstrahlungen zu leiden, werden Sie durch sie mit positiver Energie aufgeladen.

Negative in positive Energie umzuwandeln bedeutet übrigens nicht, dass Sie Ihrem Gegenüber Energie rauben. Ganz im Gegenteil. Menschen mit negativer Energie vergeuden ihre Lebenskraft. Die nehmen Sie nun auf und transformieren sie – dabei strahlen Sie einen Teil als positive Kraft auf den anderen zurück. Sie helfen mit dieser Übung also nicht nur sich selbst, sondern auch dem »Störer«. Mit etwas Glück können Sie sogar eine negative Stimmung völlig umkehren und eine friedliche Atmosphäre schaffen. Zumindest aber werden Sie nicht mehr leiden und in sich selbst Frieden einkehren lassen.

Mit der Umwandlung negativer in positive Energien schützen Sie nicht nur sich selbst, sondern wirken auch heilend auf Ihr Gegenüber ein.

Bedürfnisse der Sprachlosen erkennen

Die Sprachlosen – das sind nicht (nur) stumme Menschen. Damit sind auch Pflanzen, Tiere und Babys gemeint sowie Menschen, die sich nicht ausdrücken können.

Pflanzen

Schon bei den Grundübungen zur Aura-Wahrnehmung haben Sie mit Pflanzen gearbeitet. Vertiefen Sie diese Übungen und kommunizieren Sie mit den Pflanzen in Ihrer Wohnung, Ihrem Garten oder in der freien Natur. Wenn Ihre Zimmerpflanzen kränklich oder unterentwickelt sind, liegt möglicherweise ein Mangel an Licht oder Dünger vor. Dies können Sie ganz einfach testen: Beobachten Sie die Aura der Pflanze, wenn Sie sie an einen anderen Ort bringen oder düngen. Sie können die Aura einer kränklich wirkenden Pflanze auch direkt behandeln – oft hilft das mehr als Dünger oder ein Ortswechsel! Am besten ist, sich für die Bedürfnisse der Pflanze ganz zu öffnen und genau das zu tun, was sie braucht.

Alle Lebewesen, die ihren Bedürfnissen nicht oder noch nicht durch Sprache Ausdruck verleihen können, haben dennoch die Möglichkeit, über ihre Aura mit anderen Lebewesen zu kommunizieren.

Tiere

Die Aura eines Tieres ist in aller Regel deutlich aktiver als die einer Pflanze. Daher gelingt es uns auch viel leichter, uns in einen Hund einzufühlen als in eine Geranie. Trotz der Grausamkeiten, die an Tieren verübt werden, haben die meisten Menschen eine gute Beziehung zu ihren Haustieren. Umso mehr sind sie dann ratlos und manchmal sogar verzweifelt, wenn sich die Tiere auf eine unerwartete Art und Weise verhalten, z. B. wenn ein Hund aggressiv wird. Nutzen Sie Ihre Fähigkeiten zum Aura-Lesen auch hier! Wenn ein Hund plötzlich immer »unartiger« wird, eine Katze beginnt, die Möbel zu zerkratzen, oder ein Pferd sich gegen den Sattel sträubt, sollten Sie sich einmal die Aura ansehen. Mit Sicherheit werden Sie erkennen, dass etwas nicht stimmt.

Legen Sie beim Aura-Lesen Ihre linke Hand auf das Nabelchakra; Sie werden dann noch deutlicher spüren können, welches Bedürfnis das Tier hat. Und wiederum können Sie die Aura auch direkt behandeln. Wenn Sie ein Tier besitzen, haben Sie eine Verantwortung übernommen. Tun Sie alles, um dieser Verantwortung für ein Lebewesen gerecht zu werden.

Babys

Eine noch viel größere Verantwortung haben Sie natürlich für Ihr Kind. Mütter sind in der Regel recht gut darin, die Bedürfnisse ihres Babys zu erkennen – sie nehmen seine Aura unbewusst wahr. Schließlich haben sich die Auras von Mutter und Kind auch schon einige Monate vor der Geburt gegenseitig durchdrungen. Selbst der besten und liebevollsten Mutter passiert es jedoch manchmal, dass sie einfach nicht weiß, was ihrem Kind fehlt. Es schreit oder verhält sich ungewohnt. Wenn es dann nicht die naheliegendsten Dinge sind, wie der Wunsch nach Zuwendung, Nahrung oder Wärme, und auch nicht gerade die ersten Zähnchen kommen, kann schon einmal verzweifelte Ratlosigkeit aufkommen.

Wenn Sie regelmäßig versuchen, die Aura Ihres Kindes wahrzunehmen, werden Sie kaum ratlos bleiben. Sie können an der Aura Ihres Kindes ablesen, welche Bedürfnisse gerade im Vordergrund stehen, und angemessen darauf eingehen.

Schon ganz kleine Babys haben oft mit seelischen Schwierigkeiten zu kämpfen – meist sind es Ängste. Angst tritt schnell auf, wenn die Mutter gerade nicht greifbar ist; und manchmal setzt sich eine solche Angst fest. Indem Sie die Aura Ihres Kindes regelmäßig behandeln, sorgen Sie für ein gesundes körperliches und seelisches Wachstum.

Eltern und Kind haben oft eine besonders enge Verbindung über die Aura. Dies kann von enormem Nutzen bei der Aura-Heilung sein.

Selbst wenn Sie sich sonst nicht an das Aura-Heilen wagen – bei Ihrem Kind können Sie es gefahrlos tun. Ihre und seine Aura stehen ohnehin in enger Verbindung und laden sich meist gegenseitig auf – sicher haben Sie schon einmal gespürt, wie viel Energie Ihnen Ihr Kind gibt, selbst wenn es anstrengend ist! Mit den Übungen im Kapitel »Aura-Heilung« (siehe Seite 139ff.) können Sie Ihr Kind fördern, seine Aura mit Energie versorgen und eine noch engere Beziehung zu ihm aufbauen.

Der »Aura-Sensor« – was Ihnen gut tut

Bei den Nahrungsmitteln (siehe Seite 159ff.) haben Sie schon festgestellt, wie nützlich und gut es ist, herausfinden, welche Nahrung Ihnen Energie gibt und welche nicht. Das funktioniert bei Nahrung besonders gut, weil sie lebendig ist und eine Aura hat. Sie können aber auch bei allen anderen Dingen prüfen, ob sie Ihnen gut tun – bei Kleidung, Büchern, Medikamenten und ähnlichen Gegenständen. Ihre Aura kann Dinge wahrnehmen, die Ihrem Bewusstsein nur nach längerer Prüfung zugänglich sind. Machen Sie sich das zunutze.

Um herauszufinden, was Ihnen Energie raubt und was Ihre Aura im Gegensatz dazu zum Strahlen bringt, brauchen Sie einen »Aura-Sensor« – und dieser Sensor sind Sie selbst! Gehen Sie folgendermaßen vor:

- Halten Sie Ihre linke Hand vor das Herzchakra, sodass Sie Ihre Aura gerade noch spüren.
- Legen Sie dann Ihre rechte Hand auf die linke und atmen Sie tief aus und ein, während Sie sich auf das Gefühl in Ihrer linken Hand konzentrieren.
- Ihre Hände sind nun als »Aura-Sensor« aktiviert. Bewegen Sie Ihre rechte Hand auf den Gegenstand zu, den Sie prüfen wollen. Achten Sie darauf, was Ihre linke Hand spürt: Wenn das Gefühl, Ihre Aura zu spüren, schwächer wird, verlieren Sie Energie – wenn die Kraft zunimmt, bekommen Sie Energie.

Den Aura-Sensor können Sie überall einsetzen – ob beim Einkaufen, den Gegenständen in Ihrer unmittelbaren Umgebung oder anderen Menschen. Experimentieren Sie ruhig ein wenig damit.

Der »Aura-Sensor« ist äußerst vielfältig einsetzbar. Es kann sehr interessant sein, damit zu experimentieren:

- Gehen Sie in einen Buchladen und prüfen Sie Bücher – Sie werden möglicherweise damit auf ein Buch stoßen, das Sie sonst nie gekauft hätten, das Sie aber auf Ihrem Weg ein großes Stück weiterbringt.
- Prüfen Sie Ihre Kleidung. Vielleicht finden Sie heraus, dass Sie sich tatsächlich freier und wohler in bestimmten Kleidungsstücken fühlen – oder Sie stellen fest, dass Ihnen ein bestimmtes Material oder eine bestimmte Verarbeitungsweise nicht gut tun.
- Wenn Sie Medikamente einnehmen müssen, können Sie mit dem »Aura-Sensor« feststellen, ob Sie Ihnen auch wirklich helfen. Wenn die Prüfung negativ ausfällt, sollten Sie das Medikament jedoch nicht einfach absetzen, sondern mit Ihrem Arzt über ein alternatives Präparat sprechen.

Elektrosmog in Aura-Energie verwandeln

Fernsehen, Radio, Elektrogeräte und Mobiltelefone senden Strahlung aus, von der vermutet wird, dass sie sich negativ auf die Gesundheit auswirkt. Das Problem dabei ist, dass wir uns dieser Strahlung nicht entziehen könnten – es sei denn, wir kleiden die Wände unserer Wohnung mit Blei aus, was ebenfalls nicht besonders empfehlenswert ist.

Die undifferenzierte Energie aus den verschiedenen Elektrogeräten, die uns immer und überall umgibt, wirkt sich auch auf die Aura aus – leider meist negativ. Das zeigt sich u. a. auch daran, dass das materielle Denken und die Aggression in der Gesellschaft immer stärker werden. Anstatt nun in Panik zu verfallen, können Sie einen viel besseren und effektiveren Weg gehen – Sie können nämlich nicht nur Aggressionen in positive Energien umwandeln, sondern – mit etwas Übung – sogar Elektrosmog für die Entwicklung Ihrer Aura nutzen.
Prüfen Sie zunächst mit dem »Aura-Sensor« (siehe Seite 167f.), welche Elektrogeräte in Ihrer unmittelbaren Umgebung Ihre Aura negativ beeinflussen und bis zu welcher Entfernung sie dies tun. Das hilft zwar noch nicht, die Strahlung umzuwandeln, aber Sie wissen dann darüber Bescheid, wie stark Sie überhaupt betroffen sind. Um die negative Energie umzuwandeln, gehen Sie in zwei Schritten vor:

- Bauen Sie einen Aura-Schutz auf, wie Sie es im Abschnitt über das Ertasten der Aura gelernt haben (siehe Seite 74f.).
- Lassen Sie Ihre Aura die Energie umwandeln:
  - Halten Sie Ihre linke Hand vor das Nabelchakra etwas oberhalb des Bauchnabels. Die Hand ist dabei so weit vom Körper entfernt, dass sie gerade noch die Aura berührt.
  - Halten Sie die rechte Hand über den Kopf, sodass der Handrücken zu Ihrem Scheitel, die Handfläche zum Himmel zeigt.
  - Visualisieren Sie nun, wie die Elektrostrahlung auf Ihre geschützte Aura trifft und über die erhobene Hand nach oben abgeleitet wird. Die fließende Energie dringt dabei nicht in Ihre Aura ein, sondern gleitet über sie hinweg, wobei sie eventuell vorhandene negative Energien mit sich reißt.

Elektrosmog können wir uns in der heutigen Zeit leider kaum mehr entziehen. Wir können ihn jedoch weniger schädlich machen – mithilfe der Aura.

Auf diese Weise können Sie Ihre Aura sehr effektiv von dem gefürchteten Elektrosmog reinigen. Darüber hinaus haben Sie eine weitere einfache Möglichkeit kennen gelernt, Ihre Aura-Wahrnehmung in ganz alltäglichen Situationen zu nutzen. Je öfter Sie dies tun, desto schneller wird sich Ihre Fähigkeit, die Aura mit allen Sinnen wahrzunehmen, entwickeln und verfeinern. Bei allen Übungen und Experimenten rund um die Aura-Wahrnehmung gilt jedoch immer, dass noch nie ein Meister vom Himmel gefallen ist. Üben Sie sich also auch in Geduld. Mit etwas Übung werden Sie schon bald ein Meister (oder eine Meisterin) sein, wenn es um den positiven Umgang mit der Aura geht.

Wünsche wahr werden lassen

Manches, was durch die feinstofflichen Kräfte der Aura möglich ist, wirkt wie etwas Übernatürliches, wie Magie. Und tatsächlich wurden den großen Meistern auch immer wieder magische Kräfte zugeschrieben. Doch in Wirklichkeit sind es die Energien der Aura, die scheinbar Übernatürliches bewirken – wer gelernt hat, die Aura wahrzunehmen, wird dies direkt erkennen können.

Ist Ihnen auch schon einmal aufgefallen, dass es Menschen gibt, die praktisch alles bekommen, was sie sich nur wünschen? Scheinbar tun sie nichts, um ihrem Glück gewissermaßen auf die Sprünge zu helfen – es geschieht ihnen einfach. Diese Menschen haben eine besondere Ausstrahlung. Wenn Sie die Aura wahrnehmen können, erkennen Sie, dass diese Ausstrahlung nichts anderes ist als die Aura dieser Menschen – und dass es tatsächlich die Aura ist, die Wünsche in Erfüllung gehen lässt. Vielleicht glauben Sie es nicht recht: Doch auch Ihre Aura kann Ihnen gewissermaßen Wünsche erfüllen!

Als gute Fee, bei der man drei Wünsche frei hat, funktioniert die Aura nicht. Sie kann uns jedoch dabei helfen, das zu erreichen, was wir wollen.

Materielles und Ideelles

Möglicherweise schätze ich Sie ja falsch ein, wenn ich vermute, dass Sie nun erst einmal an materielle Dinge denken. Nun, daran ist nichts falsch. Schließlich leben wir in einer materiellen Welt und haben deshalb auch verständlicherweise ganz materielle Bedürfnisse und Wünsche. Tatsächlich ist es bis zu einem gewissen Grad auch möglich, dass Ihnen Ihre Aura dabei hilft, dass selbst solche Wünsche in Erfüllung gehen. Wenn es allerdings nicht um materielle, sondern um geistige, emotionale oder spirituelle Wünsche geht, ist es viel einfacher.

Das liegt daran, dass nur die untersten Aura-Schichten mit dem Materiellen in enger Verbindung stehen. Gerade aber diese Schichten reichen kaum über die Grenzen Ihres stofflichen Körpers hinaus.

Aus diesem Grund – und weil es möglicherweise am anschaulichsten ist – soll im Folgenden die schwierigere der beiden Möglichkeiten beschrieben werden: wie Sie es also schaffen, sich von Ihrer Aura materielle Wünsche erfüllen zu lassen. Die Wünsche, die wichtiger sind, die mit Ihren Gefühlen oder mit Ihrer geistigen und spirituellen Entwicklung verbunden sind, werden Sie sich dann umso leichter erfüllen können …

Das Prinzip der Wunscherfüllung

Die höheren Schichten Ihrer Aura halten sich nicht an die Grenzen des stofflichen Körpers, sie reichen weit in die Welt hinaus. Das bedeutet auch, dass Ihre Aura eine gewisse Wirkung in der Welt zeigt. So lange Ihr Unterbewusstsein jedoch unwillkürlich und ziellos alle möglichen Begierden aussendet, wird die Wirkung Ihrer Aura im Chaos untergehen. Es ist also Bewusstheit vonnöten.

Doch da kommt es oft zu einem anderen Problem. Wenn sich jemand bewusst nach materiellen Dingen sehnt – und das ist ja nun bei den meisten Menschen dann und wann der Fall –, ist das Bewusstsein gänzlich mit dem Gedanken an das Haben-Wollen erfüllt. Und dennoch erfüllt sich das so sehnlich Gewünschte nicht. Denn diese Gedanken lenken die Energie nicht in die Welt, sondern lediglich auf das ohnehin schon zu sehr im Zentrum aller Dinge stehende Ich.

»Hüte dich vor deinen Wünschen - sie könnten wahr werden!« lautet ein altes Sprichwort. Eine Wunscherfüllung ohne böse Überraschungen kann nur dann erfolgen, wenn positive Energien, die wir zuvor nach außen geschickt haben, zu uns zurückkehren.

Vom Glauben zum Wissen

Doch wie soll es nun möglich sein, dass Sie sich unbewusst etwas wünschen, das dann in Erfüllung geht, während das, was Sie sich bewusst wünschen, nicht erfüllt wird? Der Sachverhalt klingt etwas paradox, doch eigentlich ist es ganz einfach: Füllen Sie Ihren Geist mit Ihrem Wunsch – aber richten Sie Ihre Gedanken nicht auf sich selbst, sondern auf andere Menschen!

Am einfachsten geht das, indem Sie selbst geben und helfen – Sie werden staunen, wie alles vielfach zu Ihnen zurückkehrt! Denn indem Sie auf diese Art und Weise an die materiellen Dinge denken, stärken Sie die positiven Eigenschaften Ihrer materiellen Wünsche und senden die positive Energie nach außen, anstatt nach innen.

Probieren Sie es einfach aus – Sie werden überrascht sein! Denn selbst wenn Sie noch Zweifel haben sollten, ist dies nur dann hinderlich, wenn Sie aktiv zweifeln, d.h. sich selbst ständig einer Art negativen Hypnose unterziehen und damit die Wirkung Ihrer Aura beeinträchtigen.

Spirituelle Menschen haben schnell den Impuls, diese Übung zu verdammen. Führt sie nicht vom Eigentlichen fort? Nur scheinbar, antworte ich dann. Denn wer die Kraft seiner Aura im Materiellen erfahren hat, der wird spüren, dass es da noch viel mehr gibt, was es sich zu wünschen und zu erreichen lohnt. Und er wird nicht mehr glauben, sondern wissen.

A

Impressum

2. Auflage
© 2020 by Irisiana Verlag, einem Unternehmen der Verlagsgruppe Random House GmbH, Neumarkter Straße 28, 81673 München

Das vorliegende Buch ist sorgfältig erarbeitet worden. Dennoch erfolgen alle Angaben ohne Gewähr. Weder Autor noch Verlag können für eventuelle Schäden, die aus den im Buch gegebenen praktischen Hinweisen resultieren, eine Haftung übernehmen.

Umschlag: Geviert - Grafik und Typografie, unter Verwendung eines Fotos von Nicolas Olonetzky
Druck und Bindung: Tesinska tiskarna, Cesky Tesin, Tschechische Republik

Printed in the Czech Republic
ISBN 978-3-424-15288-3

Über den Autor

Kalashatra Govinda wurde 1949 in Mumbai/Indien geboren. Nach seinem Medizin- und Philosophiestudium in Indien und den USA lebte und arbeitete er einige Jahre als Dozent für Ayurveda in Deutschland. Gleichzeitig vertiefte er sein Wissen und seine Praxis in der Yogaphilosophie und publiziert seit 1999 in Deutschland zahlreiche, auch international erfolgreiche Bücher zu den Themen Chakras, Aura, Tantra, Meditation, Yoga und spirituelle Entwicklung. Heute lebt er in Toronto/Kanada.

Autorenkontakt: kalashatra.govinda@planet.ms

Weitere Titel des Autors

Atlas der Chakras. Der Weg zu Gesundheit und spirituellem Wachstum. München 2013

Chakra-Meditationen. Das praktische Programm zur Harmonisierung der sieben Chakras (CD). München 2013

Chakra Praxisbuch. Spirituelle Übungen für Gesundheit, Harmonie und innere Kraft. München 2014

Chakras. Der Einfluss der sieben Chakras auf Gesundheit, Ausstrahlung und Vitalität. München 2015

Grundlagen des Atem-Yoga (Buch mit CD). München 2017Kamasutra. Liebe - Achtsamkeit - Erfüllung. München 2015

Shiva Shiva! Das Geheimnis der indischen Götter - Mythen, Meditationen, Rituale. München 2014

Tantra. Geheimnisse östlicher Liebeskunst. München 2013

Tantra Massage. Die hohe Kunst der erotischen Berührung. München 2014

Tantra-Yoga. Der achtsame Weg zu spiritueller Sinnlichkeit. München 2020

Bildnachweis

Alle Illustrationen stammen von Roger Kausch, München, mit Ausnahme von: Südwest Verlag, München: 35 (Sabine Lauf), 36, 37, 38, 39, 40, 41, 42 (Anja Schwarz)

Alle Fotos stammen von Nicolas Olonetzky (www.bascha-photographers.de), München, mit Ausnahme von: Gettyimages: 103 (Westend61); istockphoto: 30 (Judy Dillon), 126 (VikaValter); Mauritius-Bildagentur, Mittenwald: 134 (Bibikow); shutterstock: 24 (Jayakumar), 88 (bikeriderlondon), 96 (CO Leong); Südwest Verlag, München: 112 (Hecker/U. Schoenenburg), 158 (Siegfried Sperl)